/100位
为新中国成立作出突出贡献的英雄模范人物/

杨靖宇

姜　辣/编著

吉林文史出版社

图书在版编目（CIP）数据

杨靖宇 / 姜辣编著. -- 长春 : 吉林文史出版社,
2011.4（2022.4重印）
（100位为新中国成立作出突出贡献的英雄模范人物）
ISBN 978-7-5472-0549-5

Ⅰ. ①杨… Ⅱ. ①姜… Ⅲ. ①杨靖宇（1905～1940）—
生平事迹 Ⅳ. ①K825.2

中国版本图书馆CIP数据核字(2011)第050721号

杨靖宇

YANGJINGYU

编著/ 姜辣
选题策划/ 王尔立　责任编辑/ 王尔立
装帧设计/ 韩璘
出版发行/ 吉林文史出版社
地址/ 长春市福祉大路5788号　邮编/ 130118
电话/ 0431-81629363　传真/ 0431-86037589
印刷/ 天津海德伟业印务有限公司
版次/ 2011年4月第1版 2022年4月第8次印刷
开本/ 640mm×920mm　1/16
印张/ 9　字数/ 100千
书号/ ISBN 978-7-5472-0549-5
定价/ 29.80元

《100位为新中国成立作出突出贡献的英雄模范人物》丛书

编　委　会

/ 100 位

为新中国成立作出突出贡献的英雄模范人物/

八女投江　于化虎　小叶丹　马本斋　马立训　方志敏
毛泽民　毛泽覃　王尔琢　王尽美　王克勤　王若飞
邓　萍　邓中夏　邓恩铭　韦拔群　冯　平　卢德铭
叶　挺　叶成焕　左　权　诺尔曼·白求恩　任常伦
关向应　刘老庄连　刘伯坚　刘志丹　刘胡兰　吉鸿昌
向警予　寻淮洲　戎冠秀　朱　瑞　江上青　江竹筠
许继慎　阮啸仙　何叔衡　佟麟阁　吴运铎　吴焕先
张太雷　张自忠　张学良　张思德　旷继勋　李　白
李　林　李大钊　李公朴　李兆麟　李硕勋　杨　殷
杨子荣　杨开慧　杨虎城　杨靖宇　杨闇公　萧楚女
苏兆征　邹韬奋　陈延年　陈树湘　陈嘉庚　陈潭秋
冼星海　周文雍、陈铁军夫妇　周逸群　明德英　林祥谦
罗亦农　罗忠毅　罗炳辉　郑律成　恽代英　段德昌
贺　英　赵一曼　赵世炎　赵尚志　赵博生　赵登禹
闻一多　埃德加·斯诺　夏明翰　格里戈里·库里申科
狼牙山五壮士　聂　耳　郭俊卿　钱壮飞　黄公略
彭　湃　彭雪枫　董存瑞　董振堂　谢子长　鲁　迅
蔡和森　戴安澜　瞿秋白

前言

每个人的心中都多少有一点英雄情结，都向往英雄、景仰英雄。也正因此，在中华人民共和国建国六十周年之际，由中央十一部委联合组织开展的“100 位为新中国成立作出突出贡献的英雄模范人物和 100 位新中国成立以来感动中国人物”的评选活动中，群众参与投票总数近一亿。这其中的每一张选票，都表达了人们对英雄模范的崇敬之情，寄托着对伟大祖国的美好祝福。

一个民族不能没有英雄，否则这个民族就不会强大。当国家危难之时，懦弱者选择了逃避、妥协甚至投降，英雄们却挺身而出，用热血捍卫民族的尊严，人民的幸福。在创立和建设新中国的伟大历程中，涌现出无数可歌可泣的英雄模范人物。他们之中，有为了民族独立和人民解放而英勇牺牲的革命先烈，有为了党和人民的事业而不懈奋斗的优秀共产党员，有在全民族抗战中顽强奋战、为国捐躯的爱国将士，有英勇杀敌的战斗英雄和革命群众，有积极从事进步活动的著名民主爱国人士和国际友人……他们是民族的脊梁、祖国的骄傲，是激励全体人民团结奋斗的精神力量。

《100 位为新中国成立作出突出贡献的英雄模范人物传记》丛书，就像一部星光璀璨的英雄谱，真实、完整地记录了英雄模范人物不平凡的一生，再现了他们非凡的人格魅力和精神世界。“头颅可断腹可剖”的铁血将军杨靖宇，“毫不利己，专门利人”的白求恩，“抗战军人之魂”张自忠，“砍头不要紧”的夏明翰，“俯首甘为孺子牛”的文化斗士鲁迅…… 一串串闪光的名字，一个个动人的故事，犹如群星闪烁，光耀中华。

如今，战火已熄，硝烟已散，英雄已逝，我们沐浴在和平的幸福之中。在和平年代，人们不会忘记为今日的和平浴血奋战的英雄们，英雄的故事永远不会结束。让我们用英雄的故事唤醒我们心中的激情，为中华民族的伟大复兴而奋斗。

生平简介

杨靖宇（1905–1940），男，汉族，河南省确山县人，中共党员。

杨靖宇是东北抗日联军的创建人和领导人之一。1926 年加入中国共产主义青年团，1927 年 4 月参与领导确山农民暴动，5 月转为中国共产党党员。1928 年后在河南、东北等地从事秘密革命工作。1929 年春赴东北，任中共抚顺特别支部书记，领导工人运动。九·一八事变后，任中共哈尔滨市委书记兼满洲省委军委代理书记。1932 年秋被派往南满，组建中国工农红军第三十二军南满游击队，任政治委员，创建了以磐石红石砬子为中心的游击根据地。1933 年 9 月任东北人民革命军第一军第一独立师师长兼政治委员。1934 年 4 月联合 17 支抗日武装成立抗日联合军总指挥部，任总指挥。同年 11 月任东北人民革命军第一军军长兼政治委员。1936 年 6 月任东北抗日联军第一军军长兼政治委员。7 月任东北抗日联军第一路军总司令兼政治委员。率部长期转战东北，有力配合了全国的抗日战争。在 1939 年秋冬季反“讨伐”作战中，他率警卫旅转战于濛江（今靖宇县）一带，最后只身与敌周旋五昼夜，以无比坚强的毅力顽强战斗，直至弹尽粮绝，壮烈牺牲，时年 35 岁。杨靖宇牺牲后，残忍的日军将其割头剖腹，发现他的胃里净是草根、树皮和棉絮，竟无一粒粮食。

1905-1940

[YANGJINGYU]

◀ 杨靖宇

目录 MULU

■杨靖宇是何等的大英雄（代序） / 001

■中原诞生地（1905–1928） / 001

身世之谜 / 002
杨靖宇的老家是哪里？原名是什么？是否有妻室儿女？

0–11岁

启蒙老师 / 004
生于战乱，幼年丧父，虽家境贫寒，童年的杨靖宇还是受到了很好的启蒙教育，从小就仰慕英雄。

书生意气 / 008
新文化运动如火如荼，少年杨靖宇疾恶如仇，抵制日货，驱逐学监，抨击时政，文采斐然。

12–18岁

19–21岁

寻求真理 / 015
军阀割据，战事连连，民不聊生，民族的出路何在？来开封就读的青年杨靖宇在苦苦求索。

确山暴动 / 019
在国共合作期间，在北伐前线，22岁的杨靖宇放弃学业，投身革命，建立了河南省乃至全中国的第一个县级工农政权。
22岁

刘店起义 / 024
在国共合作破裂，革命走向低谷时，杨靖宇指挥的刘店秋收起义，在中原大地上，打响了武装反抗国民党新军阀统治的第一枪。
22岁

创立红军 / 028
面对国民党新军阀的围困，杨靖宇在四望山建立了革命根据地，创建了中国工农红军豫鄂皖别动大队。
23岁

■闯关东（1929–1932） / 033

一以贯之 / 034
憧憬着留苏学习军事本领的杨靖宇，在东北等待去苏联签证期间，成功地组织了抚顺三千矿工的大罢工。
24岁

监狱大学 / 039
小鬼子的酷刑，在铮铮铁骨的杨靖宇面前，如同儿戏。虽身陷囹圄，亦立誓救国。
25–26岁

立志靖宇 / 043
27岁的杨靖宇是中共哈尔滨市委的第一任书记，身在沦陷区，将抗日的种子播在了东北的黑土地上。
27岁

巡视南满 / 049
27岁
整顿和改编了磐石和海龙的游击队，鼓舞了士气，为未来的联合抗日，规划了宏伟蓝图。

■东北抗日联军（1933–1940）/ 057

力挽狂澜 / 058
杨靖宇留了下来，胜利击退了敌人的四次围剿。海纳百川，与各大抗日武装组成联合参谋处，正式宣告东北三千万民众的武装力量——东北人民革命军第一师正式成立。
28岁

挥师南下 / 063
28岁
战略南下，四次智斗号称“国军之精华”、“武人之龟鉴”的大汉奸邵本良。

抗联崛起 / 067
成立了南满抗日联合军总指挥部，杨靖宇任总指挥。从此，各自为战的各路义军，不分见解，不分信仰，枪口一致对外打击侵略者。
29岁

练就铁军 / 071
30岁
杨靖宇的队伍是在浴血奋斗中锤炼出来的，是铁军。合纵连横之后共领有六个师，总兵力达六千五百余众，成为当时左右南满军事形势的劲旅。

英雄本色 / 076
抗日英雄无其数，杨靖宇数第一名。杨靖宇在东北的抗日战场上，是身经百战？千战？又有谁数得清呢！
31岁

西征壮举 / 084
东北抗联第一路军的两次西征，虽然先后失利，但却从战略上动摇了日本关东军对南满根据地的大讨伐，并在西征途中打击了日军，扩大了东北抗联的声威。
32岁

风云突变 / 088
杨靖宇将军率抗联一路军一次次破袭敌人的运输线，大闹敌人后方。在叛徒叛变的万分危急情况下，突破敌人的一道道封锁线，胜利东移北上。
33岁

艰苦卓绝 / 099
敌人针对一路军的围剿、封锁更加变本加厉，南满地区抗日形势更加险恶。杨靖宇将军在危急时刻，挺身而出，巧设木头兵，保护一路军全体将士安全突围。
34岁

铁血丹心 / 106
面对敌人的围追堵截、疯狂讨伐，铮铮铁骨的杨靖宇将军的选择是：战斗到底！
35岁

■后记　英雄的故事永远不会结束 / 126

杨靖宇是何等的大英雄（代序）

在东北广袤的黑土地上，有座城市因一位英雄的名字而命名。这位大英雄就是杨靖宇将军。杨将军究竟是何等的大英雄呢？

身高一米九三，身材伟岸高大，清癯，国字脸，八字胡。双枪，一支是毛瑟手枪，有效射程1000米，一支是考尔特2号手枪，总之都是好枪。其枪法更令小鬼子心惊胆战：200米内能打穿放在人头顶上的苹果——当今只有魔术师敢这么玩枪了。

可以看出来，杨将军并不帅——却是令小鬼子闻风丧胆的东北抗日联军的统帅。用现在的语言来形容，应该是很"酷"。

大英雄更应有大英雄的功绩。

1931年9月18日，日本鬼子侵占东北，不屈的东北人民打响了抗击日寇的第一枪。杨靖宇和他的战友们浴血抗战，牵制了数十万日寇入关南犯。东北沦陷十四年，东北抗联共毙伤日伪军十七万余人。

大英雄更应有大英雄的能力。

在东北的抗日联军中，除我党的游击队战士外，还整编了多路桀骜不驯的土匪。能令这些人心服口服，除了大家都有一颗驱除日寇的爱国之心外，联军司令更要有过人的胆识、能力和谋略。

大英雄更应有大英雄的本色。

白山黑水，茫茫雪原，缺衣少食。杨靖宇将军率领战士们浴血奋战，与日伪军进行了艰苦卓绝的斗争。非超强的毅力，非真英雄本色，谁能做到？

最后时刻，杨靖宇将军与敌人周旋五昼夜。将军殉国后，剖开将军身体的日寇震惊了——这位高级将领的腹中只有树皮、草根和棉絮，没有一粒粮食。缉捕杀害杨靖宇将军的元凶岸谷隆一郎（原日伪通化省警察厅厅长），在日本战败后剖腹自杀。他在遗嘱中痛苦地写道："天皇陛下发动这次侵华战争或许是不合适的。中国拥有像杨靖宇这样的铁血军人，一定不会亡国。"

头颅可断腹可剖，烈忾难消志不磨，

碧血青蒿两千古，于今赤旆满山河。

一代文学家郭沫若被震动了，写下了这首《咏杨靖宇将军》。

战火已熄，硝烟已散，英雄已逝。歌舞升平的和平年代，我们享受着和平的欢娱。杨靖宇将军也需要也渴望今日的和平。在战火纷飞的年代，和平太遥远了。学生时代的杨靖宇在他的自题作文《战区灾民生还时之感想》中写道：

鸣呼！是翁何辜？年至耄耋尚遭兵祸切肤之忧。又加旱涝不均，盗贼蜂起，若战事长此不息，则中国土崩瓦解之祸不远矣。

在灾难面前，懦弱者选择了逃避、妥协，甚至投降。英雄们却拿起了枪，为开万世的太平而战。

高大巍峨的杨靖宇烈士纪念碑，巍然地矗立在青山碧水间，矗立在雪涛林海中，更矗立在华夏儿女的心中。

和平来之不易，我们无权忘记为和平而战的英雄。

中原诞生地

（1905—1928）

一 身世之谜

☆☆☆☆☆

杨靖宇是尽人皆知的抗日民族英雄，从1934年起，先后担任东北人民革命军第一军军长兼政委、东北抗日联军第一军军长兼政委、东北抗联第一路军总司令兼政委。他在党内享有很高的声誉，是东北党的干部中唯一被选为瑞金中华苏维埃共和国中央执行委员会委员和被中共中央政治局推选为中共“七大”准备委员会委员的代表。

然而，却很少有人知道杨靖宇是哪儿的人，来东北之前有过怎样的经历，他可有妻室儿女。

1948年中共中央东北局、东北行政委员会决定在哈尔滨建立东北烈士纪念馆，其中决定将杨靖宇将军的事迹作为纪念馆中最为

▷ 河南确山李湾村杨靖宇故居

重要的陈列内容。历经种种曲折得以找到的杨靖宇将军的头颅，经过重新更换防腐药剂，也将被陈列在主要展厅的中心。

就在纪念馆筹备期间，一个重要问题提到了议事日程，那就是在陈列杨靖宇遗骸时，必须搞清这位抗日英雄的简历。可是，由于战争年代许多机密档案无法保存，所以直到开馆前夕，甚至连杨靖宇的真正出生地也没有搞清楚。

后经过调查，查到杨靖宇领导了刘店暴动，而刘店在安徽省，到安徽省查资料，却查不到。就在 1951 年夏天，他们正巧看到了杨靖宇的另一位老战友杨一辰写的回忆录，并找到杨一辰，才了解到，杨靖宇离开家时，儿子一岁，女儿才五天！

如下的镜头令人心酸：

1928 年 4 月 26 日，杨靖宇巡回检查，顺便探望母亲和妻子时，才知道自己又有了女儿了，是三月初二（阳历 4 月 21 日）生的，刚刚五天。妻子让丈夫给女儿起个名，丈夫说："躲儿。"妻子问："是花朵的'朵'吗？"丈夫叹道："哪有闲心观花呀，是跑反到姥姥家，躲藏的'躲'！"

孟子曰："生，亦我所欲也，义，亦我所欲也。二者不可得兼，舍生而取义者也。"

笔者叹曰：忠孝果真不能两全，悲夫！

大英雄杨靖宇原名叫什么？是什么地方人？

让我们顺着英雄成长的足迹上下而求索吧。

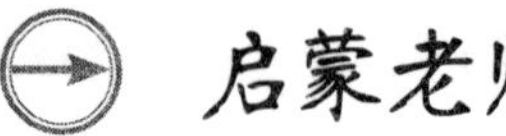

启蒙老师

☆☆☆☆☆

（0–11 岁）

历史似乎总是巧合，巧合中是否隐含着某种必然？

公元 1905 年。

东北。

两个强盗在中国的东北大地上打了起来，使东北人民陷入了水深火热之中。打了一年半，1905 年，日本鬼子战胜了沙俄强盗，沙俄将在南满①所攫得的权利转让与日本。

中原，河南，确山县李湾村（现属驻马店市驿城区古城乡）。

2 月 13 日（阴历正月初十）农户马家一名男婴出生，取乳名顺青。他就是后来在南满抗击日寇的大英雄杨靖宇。其父佃农马锡龄，母张氏，单字名君。

确山县位于淮河北岸，西依桐柏、伏牛两山余脉，东眺黄淮平原，历史上被称为“中原之腹地，豫鄂之咽喉”。当时的李湾村坐落在京汉铁路豫南段，郑州至信阳的公路穿村而过，使该村庄成为南北通衢，将村庄分为东西两区。位于西区的一幢罗汉楼及其东厢茅屋，就是马家（现已扩建为杨靖宇将军旧居纪念馆）。

杨靖宇的父亲靠租种“老土包子”地主王喜的田地谋生，生活很艰辛。杨靖宇 5 岁那年，父亲积劳成疾，过早地去世了。母亲只好带着他及妹妹，寄居于祖母、二叔马延龄一家。

杨靖宇的母亲勤劳善良，豁达开朗，虽然和当时的所有农村妇女一样，没上过学，却能讲许多生动有趣、富有教育意义的历史故事。母亲讲的故事都是孩子最喜欢听的，舍生取义、杀富济贫的英雄故事，岳母刺字精忠报国的故事，在他幼小的心灵里留下了深刻印象。杨靖宇后来在开封省第一工业学校读书时，学校后院就有一座宋代的点将台，相传抗金名将岳飞曾在此调兵遣将，抗击金兀术对中原地区的侵扰。每到这聚兵挥戈之地，杨靖宇常常流连忘返。他的同班同学姚建宇（杨靖宇的入团介绍人）曾回忆：“杨将军和我在校时，曾多次乘月明之夜，登上点将台瞭望谈天，仰望民族英雄岳飞的丰功伟绩和抗敌气节。”

杨靖宇的母亲节衣缩食，坚持送儿子上学，希望他将来成为一个正直、善良、有知识、有作为的人。杨靖宇 7 岁的时候，母亲将他送到村里前清落第秀才刘景臣开的村私塾馆读书。老师按马家谱书，给他取名为马尚德，“崇尚美德”之意，字骥生。

马尚德，是杨靖宇将军的原名。

翌年，李湾村成立初等小学堂，远近闻名的学究关易公成为他的第二任启蒙老师。当时民国教育部还没有编纂新的教科书，仍沿旧制，读“四书五经”。杨靖宇读书很用功，“四书五经”背诵如流。机械地背书是很乏味的，杨靖宇常常找一些野史和小说来读，对《三国演义》兴趣最浓厚。

中原自古以来就是各路豪杰的争雄之地。辛亥革命爆发后，1912 年 1 月 1 日，孙中山在南京就任临时大总统，宣告中华民国成立。同年 2 月 15 日，南京参议院正式选举袁世凯为临时大总统。袁却于 3 月 10 日于北京就职，一步步开始了他的帝王之梦。由于河南是袁的老家，袁把自己的表弟张镇芳从直隶调来，任河南都督。张大肆搜刮民脂民膏，使本已贫困歉收的河南，更加生灵涂炭，民不聊生。不堪忍受的河南宝丰人白朗，率领豫西一带农民发动武装起义，打响了武装反抗袁世凯的第一枪，震惊中外。

1913 年夏秋期间，白朗率领义军离开宝丰，沿京汉铁路，经过李湾村打富济贫时，白朗的英雄行为激发了少年杨靖宇的报国志向，立志要做白朗第二。从此，每天早晚，杨靖宇追随四堂叔马鹤龄打拳习武，强壮体魄。1914 年 7 月 26 日，白朗的义军在临汝、宝丰两县交界的虎狼爬岭被包围。突围中，白朗中弹牺牲。消息传到李湾村时，杨靖宇捶胸顿足，痛苦不已。

母亲劝告他说："哭无用，要长能耐来纪念

△ 被日军炮火击中的俄军舰艇

英雄。”

人生第一个也是最好的启蒙老师，是母亲。

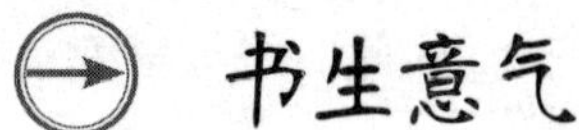

书生意气

☆☆☆☆☆

（12–18 岁）

十几岁的男孩子骨子里总有一种英雄情结：路见不平，拔刀相助，多么快意啊。

真正的英雄却不是人人能做到的，要有实力。

五年的初等小学的学业结束了，杨靖宇的成绩一直不错，他满怀信心地投考了县城高等小学（大致相当于现在的初等中学）。由于李湾初等小学堂一直沿用旧制，杨靖宇的语文成绩非常突出，数学却考得一团糟。落榜的他没有气馁，跟随姨表祖（母亲的亲姨夫）王中佛到古城傅楼塾馆复读。与一起在

▷ 1920年9月杨靖宇考入确山县高等小学读书（今确山县靖宇小学）

此读书的同学徐中耀（徐子荣）交往密切，成为了好朋友。

1918 年秋，经过一年的苦读，杨靖宇再次投考县城高等小学。由于汝南、信阳、罗山未设置高小，3000 多名考生云集确山县城。这次高小只录取八个班 360 名学生，竞争激烈。杨靖宇的成绩名列前茅，如愿地被县立第二高等小学录取，分到庚班（相当于现在的七班）。不久被选为班长、校学生会代表。

8 岁就开始随四堂叔打拳习武的杨靖宇，体格健壮，个头也比同班同学高出一大截。当时班里有个姓孙的富豪子弟，仗着老爸的权势，经常欺负同学，甚至辱骂老师，大家敢怒不敢言。仗势欺人的人绝不是英雄，所以，这个孙小少爷也不敢轻易招惹人高马大的杨靖宇。

杨靖宇偏偏要招惹这个孙小少爷。

某日放学后，杨靖宇将孙少爷约到某角落，一顿拳脚，将他制服。并告戒他说：“要平等待人，不许仗势欺人。”

孙小少爷有势力的老爸，毕竟不能随时在他的身边，他只好告饶。

但，英雄如果只是个人的壮举，力量毕竟有限。

杨靖宇已经开始思考这个问题了。

杨靖宇从老师那里读到了李大钊介绍苏俄十月革命的文章《庶民的胜利》，很受启发。——“因为资本家的资产，不是靠着家族制度的继袭，就是靠着资本主义经济组织的垄断，才能据有。这劳工的能力，是人人都有的，劳工的事情，是人人都可以做的，所以劳工主义的战胜，也是庶民的胜利……”

1919 年 4 月 30 日，巴黎和会议决德国在山东的权利，让与日本。消息传到国内，举国义愤。5 月 4 日，北京学生大规模游行，火烧曹汝霖住宅，痛打了章宗祥。不久，全国各大城市罢课、罢工、罢市，声援北京学生的爱国运动。确山县城各学校也积极响应起来，身为校学生会代表的杨靖宇，被学校指派为带队人，带领学生游行示威，进行接头演讲，并到车站、商铺查禁日货。抵制日货影响了某些官商的利益，他们勾结县政当局，对学生的爱国行动无理阻挠。在京汉铁路数百工人的大力支援下，迫使县政当局承认焚毁日货是爱国行动，杨靖宇才率领学生胜利复课。

开学后，县教育当局以整肃校纪为名，派学监进驻学校。

一天，学监说自己的一件衣服丢了，一口咬定是给他送饭的校工老李头偷的，并叫来团防营的两名兵痞，不问青红皂白，把老李头捆起来，吊在院内的树上拷打。哭喊声、叫骂声打破了宁静的校园，引来了学生们的围观。杨靖宇很了解老李头，一向胆小怕事，不可能敢偷学监大人的衣服。很明显，是学监借机逞淫威，向师生示威。同学们也都很气愤，杨靖宇率领学生，包围了兵痞，把他们赶出了校门，解下了被打得遍体鳞伤的老李头。

在军阀混战的年代，在战场上也许都是孬种的兵痞，欺负老百姓却个个勇敢。被学生赶跑的兵痞，哪里咽得下这口气。回到团防营，又找来十多名兵痞，重返学校，欲寻报复。杨靖宇带领学生对峙，毫不相让。校长怕事情闹大了，宣布开除杨靖宇，兵痞们才撤出学校。杨靖宇和学生们围住校长据理力争，最终迫使学监偷偷溜走了事。

◁ 杨靖宇（右一）与同学徐子荣、张化宇合影

从小就仰慕英雄的杨靖宇更加成熟了。

1922 年暑假期间，杨靖宇与汝南县小郭店农家女郭莲结婚。

县立第二高等小学所开课程已不是“四书五经”等旧式文化典籍。这里开设的国文、图画、音乐、体育、修身等课程，使杨靖宇接触到很多新的知识领域。

在高小毕业前夕，杨靖宇写了两篇对修学方法和当时社会看法的作文。

他在命题作文《与友人论修学方法论》中写

道：

夫学问之道，理深义广，取之不尽，用之不竭，以人数十寒暑之光阴，而欲悉数浏览，洞了胸中，戛戛乎难矣哉！或曰：口不绝吟，手不失卷，朝夕诵读，兀兀穷年，理虽精奥，罔不获之。或曰：闭户户潜修，外事莫顾，专心致志，念兹在兹，义虽难解，靡不释之。

余以二者之言，非折中之道矣。若朝夕诵读，而不详细考察，将恐流于不思则罔之弊；若闭户潜修，仅目力达到之地，能一一贯彻，亦恐未免不学则殆之诮。

由其文可知，杨靖宇并不是书呆子，他更主张学以致用。

他在自题作文《战区灾民生还时之感想》中写道：

偶见一老翁，鬓须俱白，百似魍魉，身披褐衣，足跣而往，若呆若述。从而问之，俯首不答。又问之，凝目泪下曰："吾祖仕官，九世同居，金积堆山，地连阡陌，以为终身百毋冻凄矣。自辛亥义军崛起，改造共和，更为荣乐，不恋荣土之地，频为战区蕴蓄金银，输足军需。值延今日，房屋被焚，地无立锥，族家兄弟苗裔摧残净尽，渺渺一躯沦为乞丐，聊以度日。

余闻之后，不禁然生悲。大专制时代，价戬由一人之喜忧怨。一言之失，祸连诸族，即足惨矣。自共和成立以来，彰然脱离专制痛苦，向自由发展之域，以与历史争光。竟国贼盘踞要津，沾濈图谋，攫取人民血汗之金钱，供一己靡费，开骶法赂选之役后经，作狼狈为奸之先河。既无爱国观念，绐复狗人民。愚昧世界潮流，

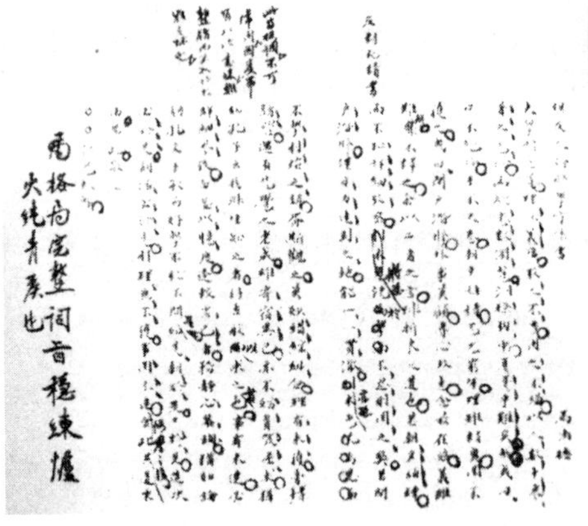

◁ 杨靖宇读书时写的作文

以至全国骇然，尤不知足，反无故开衅，假借共和之面具，作盗跎之行为。使烽火连天，战声入耳，穷兵黩武之风，莫比为甚。

回想为国乎？为同胞乎？糜不离心背德，图私营利，干戈叠起，金融大佶，押都借款，使万民感受其荼苦。虽有南江南山竹之海冤，亦莫可诉，呜呼！是翁何辜？年至耄耋尚遭兵祸切肤之忧。又加旱涝不均，盗贼蜂起，若战事长此不息，则中国土崩瓦解之祸不远矣。

这篇作文，痛斥了军阀混战祸国殃民的罪行，表达了杨靖宇的忧国忧民情怀。

文如其人，文才斐然中，铮铮铁骨跃然纸上。

寻求真理

☆☆☆☆☆

（19–21 岁）

1923 年，秋。

河南开封。

一个身材高挑的大个子来到了这座城市。他就是杨靖宇。

杨靖宇怀抱着实业救国之志，考取了河南省立第一工业学校（含预科六年制，现为开封市第二中学），分配在了“纺染”专科。

七朝古都的开封，是当时河南省的省会、河南的文化经济中心。包公祠、大相国寺、开封铁塔、天波杨府、开封府、朱仙镇岳飞庙等等，名胜古迹数不胜数。

这些名胜并不怎么吸引杨靖宇的眼球。在学校后边有座小花园，花园中央有座点将台，传说岳飞曾在这里点过将。“抬望眼，仰

◁ 河南省第一工业学校。1923年秋，杨靖宇考入该校学习

天长啸，壮怀激烈”，杨靖宇经常和同学们到这里，谈古论今，抒发报国豪情。

军阀混战，列强侵凌，曾繁极一时的古都开封，也失去了往日的繁华。19 岁的杨靖宇在苦苦思索：中华民族将何去何从？

是年冬，杨靖宇加入了李大钊创建的北京大学马克思学说研究会，成为该研究会第八十八名、河南省第一名会员。

在学好功课的同时，杨靖宇经常到开封图书馆里读书，尤其喜欢读史。先后读了大量史书。他曾和同学说过：“不读史，不知道近现代中华民族为何衰弱的原因。反封建礼教，反军阀专制，不懂中华民族的历史怎么行！”

向来主张知行合一的杨靖宇并不死读书。

读史期间，经教师贺光吾介绍，加入了“青年协社”读书会。1924 年暑期，学校共青团组织通过学生会，将回乡学生组织起来办农民夜校。确山的同学一致推选杨靖宇为夜校主任。为了讲好课，杨靖宇先后到开封各图书馆查阅有关白朗起义的史料，准备讲稿。回到确山后，带领同学创办了南高庙、高等小学、关东三个夜校，吸引学员上百人，历时四十天。讲学期间，杨靖宇对如何依靠农民自己的力量解除所受的压迫和痛苦之事非常关注，苦苦地寻求民族解放的出路。为了日后打倒军阀，他开始研读《孙子兵法十三篇》，为投笔从戎做充分准备。

在举办了两期农民夜校期间，杨靖宇结识了许多青年农民骨干，其中有私塾同学徐中耀的大哥徐中和，四堂叔的妻弟张家铎、张家铮，还有李则青、张立三、赵凯文等。大家经常就如何打倒列强、打倒军阀进行讨论，寻求民族解放之路。

1925 年 6 月，经共青团员张耀昶、姚建宇的介绍，杨靖宇加入了中国共产主义青年团。

12 月 10 日，中国共产党中央提出了“武装平民，打倒奉系军阀，废除不平等条约，建立平民的革命统一政府”的总口号，杨靖宇的思想受到很大触动，他认为，同自己少年时倾慕的农民起义英雄白朗的“设立完美之政府”相对比，中国共产党的提法更为实际。

1926 年 7 月 9 日，国民革命军由广州出发，誓师北伐。10 月 10 日，北伐军全歼吴佩孚主力，先后占领了武汉三镇。消息

◁ 青年时代的杨靖宇

传到开封后，杨靖宇备感欢欣鼓舞，认为革命形式将迅速向中原发展。他同好友杨兆庆、张玉奇决定走出校园参加大革命。为此，特在校园一角摄影留念。

12月21日，河南督军靳云鹗，迫于北伐形势的压力，害怕学生起来革命，下令开封各大专院校提前放寒假。中共河南省委，为了迎接北伐，借机组织回乡党团员与青年学生参加农民运动。杨靖宇和他的同学张耀昶被指定为回到确山开展农运的负责人。

即将预科班毕业的杨靖宇，放弃了继续深造的机会。从此，开始了他戎马生涯的光辉一生。

确山暴动

（22 岁）

1927 年 4 月 4 日，农历三月初三，是中国传统的上巳节。

三月三日天气新，

长安水边多丽人。

不仅是长安，河南的确山也是如此。冬去春来，这一天，确山县外的城隍庙，男女老幼纷纷来到郊外的田野上，踏青郊游，欣赏大自然的风光，以求驱除一冬的寒邪。

然而，今年来踏青的人，却不是祈求驱除身体的寒邪，他们要驱除的是鱼肉乡里的军阀和劣绅。

他们有的扛着杆子枪（红缨枪），有的端着鸟枪，有的扛着扁担、锄头，有的抬着抬杆（当地人称九节雷），纷纷向三里店聚去。

人越聚越多，排成了多路长长的队列，粗略算起来，能有五万余众。

忽然，一面绣着金黄色“犁头”图案的红旗迎风展开，一个大个子手持宝剑，高声令下：出发！

队伍分成四路向确山县城进发，霎时间包围了县城，占领了铁路票房子（车站），断绝了交通和通讯线路。

这个大个子就是马尚德（杨靖宇），现在是确山农民起义军的总指挥。

确山起义爆发了。

事情的经过是这样的：

起初，马尚德（杨靖宇）和同学张耀昶从开封回到家乡确山后，便积极地投入到农运工作中。自确山北郊区、驻马店镇以东二十多个村庄，纷纷建起了农民协会，会员达一万多名。又广泛吸收红枪会、黄枪会等当地的自卫队组织成员，总会员达三万余众。在驻马店建立了中心农民协会，马尚德（杨靖宇）被推选为会长。

当此之时，北阀军一路北进，势如破竹。为了阻止北伐军的进攻，直系军阀吴佩孚在河南一带部署了大量兵力，继续负隅顽抗。从奉系分裂出来的魏益三部队就盘踞在豫南，其中的一个旅的旅长李荣亨与直系委派的确山县长王少渠，和确山四大劣绅楚本固、魏呈典、田斐卿、何明义，以筹款筹粮的名义，成立了“兵策局”，横征暴敛，使捐税高出前清的六倍，向农民

▷ 1927年4月24日确山县各界人民代表大会在南洋楼召开

摊派了长达十年的预借粮，且必须于年内缴库。农民苦不堪言。一天，城西竹沟送粮的农民遭到了“兵策局”官兵的毒打，在场的数百名农民被激怒了，为此找县长王少渠请愿。王少渠当面假意应承，在请愿农民散去后，立刻派“团防营”将请愿带头人逮捕入狱。竹沟送粮的农民义愤填膺，却无处说理，只好找到农协，要求出面交涉。

与恶霸能有什么道理好交涉，要看谁拳头硬。

马尚德（杨靖宇）觉得武装暴动的时机已经成熟，在取得时任中共河南省委书记王克新的同意和支持后，决定在上巳节发动武装暴动。王克新书记还调来黄埔军校四期毕业生李鸣歧，在军事指挥上予以全力辅佐。

起义军将总指挥部设在了关东火神庙内，县长王少渠来到总指挥部，想通过谈判拖延义军的行动。

马尚德（杨靖宇）代表农民起义军，义正词严地提出四项谈判条件，并声明，如无谈判余地，立即攻城。

一、必须立即交出四大劣绅，当众清算“兵策局”历年收支账目；二、立即取消“兵策局”，免除一切苛捐杂税；三、释放在押农民代表；四、农村实行县政，一切必须通过农民协会。

王少渠提出先撤兵再议事，并借口回城与驻军李旅长商谈，躲进城隍庙里再不露面。

入夜，潮水般的起义军开始攻城。经过四天四夜的猛烈攻击，县城驻军弃城遁走，四大劣绅也跟着逃跑了。

4月8日，马尚德（杨靖宇）率各路起义军攻入城内，歼灭了垂死抵抗的“团防营”士兵二百多名，俘虏了县长王少渠，砸开监狱，解放了被关押的农民。

起义军入城后，纪律严明，秋毫无犯。除留守部分农民自卫队外，其他各路义军都开回原地待命。

4月27日，北伐军第八路军进驻确山和驻马店，马尚德（杨靖宇）和各界群众代表一起召开了隆重的欢迎大会。在这次大会上，正式宣告成立了国共合作的民主新政权——确山县临时维持治安委员会（已于4月24日召开的确山县首次各界人民代表大会选举产生）。马尚德（杨靖宇）、李则青、张立三、张家铎、张耀昶、王泽显、董子祥七人为常务委员，马尚德（杨靖宇）为常务委员会主席。这是中原第一个民主革命政权，乃至全国第一个县级民主政权。英国《泰晤士报》惊呼：“中国河南出现

▷ 杨靖宇领导确山起义的“犁头旗”

了苏维埃。”斯大林在与中山大学学生谈话时也予以关注。

5月5日，也是马克思诞辰纪念日，马尚德（杨靖宇）在徐中和、李则青两位党员的介绍下，在县城福音堂楼上一个房间举行了秘密的入党仪式。马尚德（杨靖宇）向两位介绍人表决心说：

“革命必定有牺牲，我不怕死，我的生命和一切都交给了中国共产党。为了主义去死，也值得！”

北伐军节节胜利，革命形式似乎一片大好。

刘店起义

☆☆☆☆☆

（22岁）

第一个县级民主政权，仅存在了72天。

正当北伐节节胜利之时，蒋介石在上海发动了四·一二政变；张作霖在4月28日竟将中国共产主义的先驱李大钊秘密绞死；随后，7月15日，武汉的汪精卫也开始公开屠杀共产党人。

1927年7月4日，在确山起义中逃跑的四大劣绅之一何明义，纠集地主民团武装一千余人，勾结驻豫南的靳云鹗（原属直系军阀，投降冯玉祥后，摇身一变为河南军政大员）所部旅长张德枢，派一个营的兵力，突然包围确山县城。马尚德（杨靖宇）等率领农民自卫队四百多人进行抵抗，并期望借由周口撤回武汉途经确山之北伐军之力量，

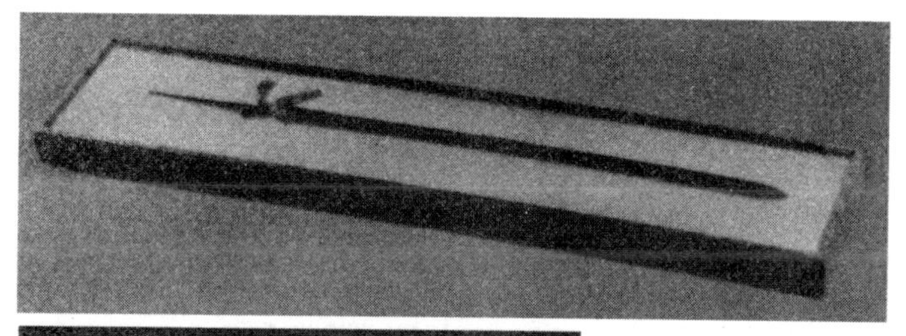

△ 杨靖宇领导确山农民暴动时使用的七星剑

抵御来犯之敌。到了夜间得到的消息是，撤回武汉的北伐军不再支持农民运动。王克新书记和马尚德（杨靖宇）立即采取保存实力的策略，决定甩掉县城这个包袱，撤到农村去打游击。

国共合作打倒军阀、打倒列强的中国革命陷入了低谷。

不久，1927年8月1日，周恩来、朱德领导的南昌起义，打响了武装反抗国民党新军阀统治的第一枪。随后中共八七会议召开，决定建立自己的武装和政权。

9月中旬，中共河南省委根据八七会议精神，决定在刘店发动豫南农民秋收起义。10月中旬，在杨张庄的豫南特委办事处，组成了刘店武装暴动总指挥部，马尚德（杨靖宇）任总指挥。

刘店距确山县城东南25华里，那里有个劣绅叫李广化，通过收编地痞、土匪扩充队伍，鱼肉乡里，镇压革命群众。打倒李广化可以改变确山以东的局面，以刘店为中心，开展武装斗争。

11月1日，天将破晓，3000名武装农民起义军冲开了刘店的各寨门，经过激战，于上午9时，李广化的民团全部交枪投降。李广化因头天晚上进确山县城与张德枢接洽未回，早上返回途中听到庄园被攻破的消息，慌忙逃回了确山。

次日中共确山县委在刘店举行扩大会议，决定建立确山农民革命军。马尚德（杨靖宇）任总指挥，李鸣歧任党代表。

刘店秋收起义的胜利，使确山的新军阀大为震惊。先是驻军旅长张德枢派亲信去劝降，遭到马尚德（杨靖宇）的断然拒绝和嘲笑。不久，确山县县长高子元又差人投书到刘店，企图劝降马尚德（杨靖宇）。他在书信中威吓道："赶快解散，各安生计。不然，缉拿查办……"杨靖宇义正词严地回绝高子元道："所言尽属反革命言论，对于革命没有丝毫认识，请即滚蛋，不然定把你的草包戳烂。"高子元恼羞成怒，联合张德枢的兵力，并纠集了四大劣绅的地主民团，于11月12日包围了刘店。杨靖宇考虑到敌我力量的悬殊，不与之决战，连夜突围转移，高子元等只悻悻地撤走。

11月底，杨靖宇率领农民革命军于夜间又回到刘店，突袭了劣绅李广化的庄园，遗憾的是，李广化又从地道逃脱了。

随后，按照预定计划，队伍开拔到刘店北边古城湾东方的王楼，迅速包围了武家庄园，活捉了劣绅武清士、武俊贤父子俩，缴获了护庄兵丁的枪支，并开仓放粮。夜间大雪，武家父

▷ 杨靖宇入党宣誓旧址——福音堂

子趁岗哨不注意逃走了。随后引来高子元的县队和张德枢一个团的兵力围剿。在作战中，杨靖宇腿部中弹负伤，王克新胸部中弹，伤势严重。幸亏徐子荣率一队人马赶到，指挥部队抢救伤员分散撤退。杨靖宇被秘密送往杨桥张庄治伤，而王克新书记因伤势过重，没抢救过来，光荣牺牲。杨靖宇悲痛万分。

刘店秋收起义在敌人的围剿中虽然未能建立起稳固的工农民主政权，却是继八一南昌起义和湘赣边秋收起义后，中原地向国民党新军阀统治最早打响的一枪。

创立红军

（23岁）

1928年春节前，马尚德（杨靖宇）的伤好了，心情却十分沉重，王楼一战失利的阴霾难以挥去。

杨靖宇与张家铎和张立山带的队伍在双河村会合，查点队伍，仅存三百余众。大家都表示一定要完成王克新书记的遗愿：铲除四望山、前明港一带的地主武装，建立革命根据地。

四望山位于大别山和桐柏山的结合部，登山远眺，豫鄂两省的四县边境尽收眼底。进可攻，退可守，很适合开辟根据地。

明港有三支地主武装。势力最大的是民团团总童霄九，其次是当地劣绅戴文甫，实力最弱的是旧军阀团长出身的李文相。戴文甫一直觊觎民团团总的宝座，一直想拉拢李

▷ 确山县临时治安委员会旧址

文相来一起对付童霄九，却担心两家实力加起来也抵不过童霄九。杨靖宇的革命军来到双河后，李文相便与戴文甫密谋，想借刀杀人，利用革命军的力量消灭童团总。

1月21日（腊月二十九），杨靖宇将计就计，假意让李文相派来的使者做向导，组成突击队，一举生擒了李文相，又迅速包围了戴文甫的民团，戴毫无防备，受伤逃走。而后迅疾扑向童霄九的民团，命令戴部的俘虏门前求救，诈开院门。童团总身受重伤，在亲信的拼命保护下逃走。

此一战，缴获了二百多支枪、几万发子弹和大量物资，群情激奋，军威大振，革命军过了一个胜利的新年。

2月下旬，遵照省委指示，杨靖宇、张家铎带领部队到四望山，同黄柏如、张胡子所率的豫南光山、罗山农民起义军七百多人会师，正式成立中国工农红军豫鄂皖别动大队，杨靖宇任别动大队队长兼政治委员，张家铎、黄柏如、张胡子任副大队长，尚钺任宣传部主任，张立山任参谋长。这些领导人，成为了豫鄂皖红军的创始人。

4月中旬，杨靖宇奉豫南特委之命，组成工作团经汝南入汝河、颍河沿岸开辟新区。4月26日，巡回汝南时，顺便到小郭庄妻子郭莲的娘家看望母亲和妻子（全家躲避敌人的搜捕到此），才知道女儿才出生五天。杨靖宇给女儿起名“躲儿”，躲藏的意思。“马躲”这个名字一直到建国后，1958年2月23日杨靖宇将军的公祭安葬大会举行时，才被中央代表为她改名为“马锦云”（杨靖宇的儿子叫“马从云”）。

没想到，与家人的这一别，竟成了永别。

杨靖宇的家多次被查抄，全家老小也一直东躲西藏，直到解放。

5月，豫南特委发动了以李湾为中心的第二次武装暴动，确山和驻马店周边几十个村庄同时暴动，在豫鄂皖红军别动大队强有力的支持下，各个村纷纷建立了工农民主政权，暴动的农民自卫队都改编为村政权的赤卫队。

5月中旬，盘踞在豫南的新军阀张德枢，不甘心豫南的广大农村地区被赤化，集中两个营的兵力围攻豫鄂皖红军。杨靖宇将之诱入山区，兵分三路，把两个营的兵力牵入淮河上游的吴店与草店之间的深山峡谷，予以各个击破。缴获了大量枪支弹药和粮饷马匹，取得了第一次反“围剿”的胜利。

7月中旬，张德枢不甘心失败，又调集了一个团的兵力，对四望山进行第二次“围剿”。马尚德（杨靖宇）率领1500人的红军别动大队，将长驱直入的敌人诱至月河与固县附近的低洼险地，予以重创，取得了第二次反“围剿”的胜利。

8月上旬，恼羞成怒的张德枢，吸取前两次“围剿”失败的教训，调集一个旅的兵力，步步为营，迂回包抄，妄图分割红军，各个击破。

形势十分严峻，敌军的兵力是红军的十倍。杨靖宇将队伍化成十个小分队，趁夜色，利用自身熟悉地形的优势，从敌人的包围圈中安全撤离。张德枢连个红军的影子都没看到，只好悻悻撤兵。敌人的第三次“围剿”也失败了。

秋初，河南省委在驻马店秘密召开了省委扩大会议。时任豫南特委书记兼豫鄂皖红军别动大队队长的马尚德（杨靖宇），出席了这次会议。省委书记易云（周以栗）传达了中共于6、7月间在莫斯科举行的六大会议精神。

会后，省委书记易云找到杨靖宇谈话，指明当前党的工作中心放在城市，省委决定抽调一批干部来做城市工作。马尚德（杨靖宇）是省委决定抽调去白区工作的领导人之一。马尚德（杨靖宇）表示服从省委的调动。

马尚德（杨靖宇）将豫南特委的工作交给了张家铎，红军别动大队的工作分别交给了张耀昶、张立山。四位年轻的战友，难舍难分，此别也竟成了永诀。

此后，马尚德（杨靖宇）化名周敏，分别到开封、洛阳、正阳等地开展地下工作。由于马尚德（杨靖宇）在河南认识他的人太多，名声太大，所以，曾三次被捕入狱。经营救出狱后，马尚德（杨靖宇）向组织报告了被捕和出狱经过，经组织审查，认定马尚德（杨靖宇）三次被捕，保守了党的秘密，使组织未遭到任何破坏。河南的敌人到处都在缉拿马尚德（杨靖宇），组织决定易地安排他的工作。

经中央组织部批准，马尚德（杨靖宇）于 1929 年 1 月中旬，到了上海，参加中央第一期军政干部训练班的培训（由周恩来直接安排课程与讲授人）。经过一个多月的培训，马尚德（杨靖宇）开阔了眼界，对中国革命的复杂性、长期性和艰苦性，有了更加清醒的认识。

培训于 2 月下旬结束了，负责领导军政班的陈潭秋，根据中央的决定，通知马尚德（杨靖宇）立即动身，去满洲省委接头，办理赴苏联留学军事的签证。

自此，马尚德（杨靖宇）只身闯关东，将满腔热血洒在了东北大地上。

闯关东

（1929—1932）

㊀ 一以贯之

☆☆☆☆☆

（24岁）

1929年3月。东北，奉天。

三月的东北，广袤的黑土地，依然在冰雪覆盖之下。

马尚德（杨靖宇）从上海乘火车，经北平，一路风尘仆仆，来到了东北三省的中心城市——奉天[①]。这座清王朝的陪都——盛京，比起九朝古都洛阳、七朝古都开封来，别具北方满洲风格。

与中原比，最大的不同就是，这里有许多身着蝗虫色军装的日本兵。

踌躇满志的杨靖宇对留学苏联学习军事充满着憧憬，希望自己能学到更多的军事本领，更好地投身中国革命事业。

杨靖宇与满洲省委接头后，因办理去苏

▷ 1929年4月，杨靖宇任中共抚顺特支书记，组织领导工人进行反日斗争，这是20年代末的抚顺煤矿。

签证还需要时日，一向闲不住的他，要求边工作边等候。

杨靖宇在奉天、大连两地巡视学运工作，走访有识之士，了解到日本帝国主义在日俄战争后，从沙俄手里攫取了辽东半岛，又占据了南满铁路、抚顺煤矿、本溪煤矿。

为了更好地适应环境，杨靖宇开始学习关东人的口音。

一个月过去了，出国签证还没有办下来。

联络员王仲一又给杨靖宇带来了新的任务：去抚顺煤矿开展工运。下煤矿要用化名，马尚德（杨靖宇）说：

“执行省委指示，一以贯之。”随母姓，遂化名张贯一。

为方便地下工作，张贯一（杨靖宇）到了千金寨（当时抚顺县治所），当了煤黑子。跟着一个“老煤黑子”下了老虎台矿坑。

◁ 中共满洲省委在奉天旧址

煤黑子可不是好当的，吃的是阳间饭，干的是阴间活。

早在明代，抚顺就设置了千户所。至康熙年间，因矿坑距东陵（清太祖努尔哈赤的墓）较近，为保护龙脉，朝廷下令禁止开矿、伐木、放牧、挖参。后至咸丰、同治年间，大量关内百姓闯关东，迫使清廷开禁。光绪初年开办了煤矿公司，后被沙俄收买，日俄战争后又被日本夺去。自 1905 年至 1929 年，25 年间，日寇为了缓解国内能源危机，进行了掠夺式开掘，实行“人肉开采”，不顾矿工死活。死难的矿工尸体，被残忍地丢进了“万人坑”。

张贯一（杨靖宇）与矿工兄弟们同寝、同

食、同作、同息，很快建立了感情，取得了矿工兄弟的信任和爱戴，大家都亲切地称他为“山东张”（以为是闯关东来的山东人）。张贯一（杨靖宇）从老矿工那里了解到，去年（1928 年），大山矿新井爆发水灾，482 名矿工被活活淹死。日本鬼子资本家更变本加厉，对矿工非打即骂，以裁员来恐吓，逼迫延长工时，不把中国矿工当人待。

张贯一（杨靖宇）与抚顺党支部的支委取得了联系，决定组织工人，举行罢工。

5 月 1 日中午，汽笛长鸣，三千多矿工们挥舞着钢钎、榔头、大镐，从四面八方涌向日本鬼子资本家的“采碳所”，高呼：

“不许任意打骂工人！”

“不许无故裁减工人！”

“不许加班克扣工人！”

罢工持续了三天，日本鬼子矿主只好妥协，答应了矿工的要求。张贯一（杨靖宇）领导的抚顺煤矿罢工取得了胜利，维护了工人的利益，打击了日本鬼子资本家的嚣张气焰，也为工人运动培养了一批骨干。

5 月中旬，张贯一（杨靖宇）回到沈阳，向省委汇报了罢工斗争的经过，并询问出国签证办理情况，得知还没办下来。

7 月 10 日，张学良出动东北军，强行收回了中东路，将苏方局长及高级职员 59 人遣送出境，中苏断交。史称“中东路事件”。

7 月 14 日，刘少奇（化名赵子旗、赵之启）与夫人抵达沈

◁ 杨靖宇在抚顺领导工人运动时的老虎台旧址

阳，秘密出任满洲省委书记。由于“中东路事件”，中苏断交，已经无法办理去苏联签证，刘少奇就回上海还是在满洲工作的问题，征求张贯一（杨靖宇）的意见。杨靖宇表示愿意留在满洲工作。随后，省委派杨靖宇任抚顺特支书记。同时，共青团省委派马守愚（化名王振祥）任抚顺共青团的特支书记。

日本关东军在东北蠢蠢欲动，24岁的杨靖宇感到自己担负的担子更加重了。

①奉天：1929年4月2日，张学良宣布更名为“沈阳”，因其城在沈河之阳。

监狱大学

☆☆☆☆☆

（25–26 岁）

最偏僻、最安静的地方，不一定最安全。最热闹、最嘈杂的地方，因不引人注意，往往很安全。

杨靖宇选择了后者，他将住所选在了抚顺新火车站前的欢乐园“二十二番地”福合客栈。这里开设着众多的妓院、烟馆、赌局、当铺、饭铺，每到晚上，吆喝声、醉骂声、浪笑声混杂着八月的热浪，嘈杂得让人透不过气来。

8 月 30 日晚，刚刚从地下联络站取得省委文件的杨靖宇，穿过嘈杂的街道，回到了福合客栈自己的房间。也许是天气太热了，他感觉空气有点烦闷，下意识地将文件塞进了桌子上的茶筒里。

◁ 关押杨靖宇的奉天第一监狱

房门突然被撞开，两名持枪的日警闯了进来，不由分说，带走了杨靖宇。

随后进来的日警仔细搜查了房间，搜出了茶筒里的文件。

杨靖宇被日本警察署逮捕了。

杨靖宇觉得自己没有疏漏之处，一定是出现了叛徒。

日本警察署署长亲自审问。杨靖宇矢口否认自己是共产党，也不叫张贯一，而叫张富义，是山东曹州人，是来抚顺讨债的生意人。茶筒是客栈的，自己不知道里面有什么文件。杨靖宇要求与检举人当面对质，以便弄清叛徒的真面目。日本警察并不想暴露叛徒，还要利用他抓更多的共产党。

日警署用酷刑连续折磨了杨靖宇六个昼夜，什么也没审出来。日警署只好以“违反治安维持法”的罪名，将杨靖宇移交抚顺地方法院。抚顺地方法院因证据不全，又不敢得罪日本人，以不归地方法院受理为名，又将杨靖宇移交给辽宁高等法院。辽宁高等法院迫于日本关东当局的压力，硬以共产党嫌疑罪，判处杨靖宇一年零六个月徒刑，被关押在辽宁省第一监狱。

叛徒到底是谁？

叛徒就是抚顺共青团的特支书记马守愚（化名王振祥）和他的部下范青（化名孙德文）。

在一个多月前，两名叛徒在老虎台煤矿附近散发反日传单时被捕，挺刑不过而叛变。8月26日，杨靖宇在地下联络站取得省委文件后，按约定日期和地点，来到古城子煤矿，与马守愚秘密接头。当晚返回抚顺时，被叛徒马守愚跟踪盯梢，并向日本警察署告密。那一晚，在叛徒的带领下，另有11名党团员被逮捕。

有过三次入狱经历的杨靖宇，把蹲大牢视为磨炼自己意志品质的特殊大学。他在狱中曾做《感怀》诗一首，以此来激励自己和狱中的同志与难友。诗曰：

世上岁月短，囹圄日夜长。

民族多少事，志士急断肠。

而狱中的杨靖宇却无法知道，满洲省委发生了大的变动。

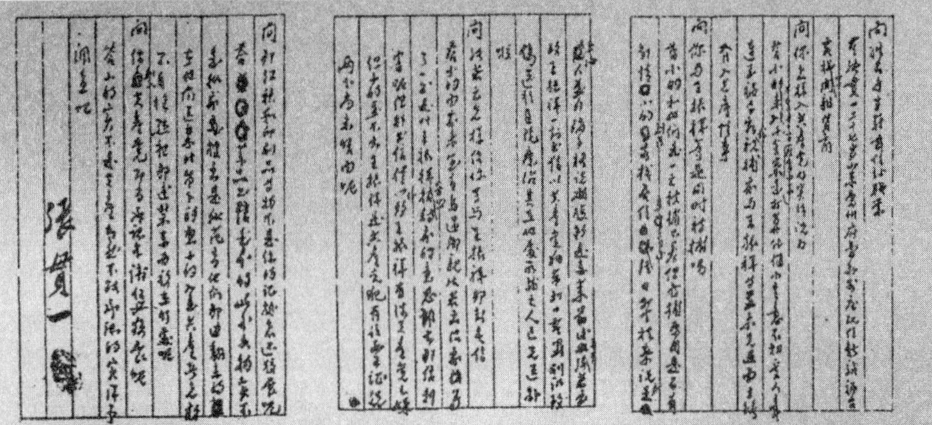

△ 1929年9月28日，杨靖宇（张贯一）在日本警察署巧妙地回答敌人的讯问笔录。

省委书记刘少奇曾在杨靖宇被捕前遇险，由于营救及时，很快被释放。不久，刘少奇被调往上海。新任省委书记李子芬（化名刘树清）等多名省委要员，由于叛徒的告密，于 1930 年 4 月 10 日被捕，同期被捕的还有赵尚志（以后杨靖宇的抗联战友）等反帝大同盟成员。5 月 10 日，李子芬、赵尚志等要犯被关押在杨靖宇所在的辽宁第一监狱，并准备解往南京。

1931 年 4 月初，杨靖宇满了刑期被释放出狱。与组织取得联系后，正准备遵照组织的安排去哈尔滨工作。不幸的是，三天后，即 4 月 5 日，由于互济会的一位同志在秘密开完会回家的路上，被巡警搜身，搜出了记有包括杨靖宇等在内的几位同志的住址的笔记本。巡警按地址搜捕，杨靖宇再次入狱，被关在沈阳第一监狱。

1931 年 9 月 18 日，日本军国主义者悍然发动了蓄谋入侵东北的军事行动，东北三省沦陷。

白山黑水震怒了。九·一八事变激起了民族的觉醒。辽、吉、黑三省人民，纷纷起来，拿起武器，抗击日寇的侵略。

狱中的杨靖宇立誓救国，时刻等待着出狱的一天。

如挣脱牢笼的猛虎，立誓救国的杨靖宇将给小鬼子以痛击。

立志靖宇

☆☆☆☆☆

（27 岁）

1932 年 1 月初，隆冬时节的哈尔滨，天空飘着鹅毛般的大雪。一位身穿灰棉袄的高个子青年，沿着哈尔滨小戎街，径直来到了 2 号楼。这里是中共满洲省委的秘密驻地。

这位大个子青年就是张贯一（杨靖宇），他和省委组织部长何成湘接上头后，汇报了自己在沈阳二次被捕入狱的经过。

◁ 中共满洲省委旧址原哈尔滨市小戎街2号

何成湘问："你觉得做什么工作合适？"

张贯一（杨靖宇）回答道："做反日武装工作最合心愿。"

何成湘说："要做反日武装工作好！但目前满洲党还没有自己的军队，中央指示省委来组织自己的工农武装。省委决定由你接替老冯（冯仲云）反日总会的党团书记工作。"

张贯一（杨靖宇）欣然接受。何成湘先特意将他安置在道外区八道街孟鞋匠家住宿（有火炕，以便让刚出狱的杨靖宇能很好地休养身体），三位省委常委给他凑了一套被褥，组织上也给他发了九块哈大洋（只够买几天的粗粮吃）的月津贴。

此后，张贯一（杨靖宇）先后担任了中共哈尔滨道外区委书记、中共哈尔滨市委书记兼代中共满洲省委军委书记等职。

窗外的大雪还在漫天飞舞，张贯一（杨靖宇）时不时地咳嗽着——在狱中被严刑摧残落下的毛病。

比天气更阴冷的，是日本鬼子对哈尔滨的蠢蠢欲动。

哈尔滨是东省特区首府，原特区长官张景惠已经被日寇策反，并于1月1日无耻地宣布黑龙江省独立，已准备将哈尔滨出卖给日本侵略军。反日总会的任务就是联络当地的各反日会，立即开展反日运动，以推动李杜、刑占清等已宣布抗日的原东北军，能果敢地投入到哈尔滨保卫战中来。

1月31日，由李杜、丁超等爱国将领发表吉林自卫军抗日讨逆通电和告民众书。吉林自卫军总司令部成立，推举李杜为总司令，统一指挥抗战军事。哈埠人心为之大振。地方团体和银行界拨给50万元支援粮饷。

2月1日，哈尔滨外围保卫战在双城揭开序幕。自卫军给予了入侵的日伪军以沉重打击。张贯一（杨靖宇）根据满洲省委书记罗登贤的指示，亲自率领哈市各界反日会领导成员，动员各商会，捐钱捐物送往前线慰劳自卫军。同时，组织市民烧水做饭、抢救伤员、运送弹药。

2月3日，日军主力部队抵达哈郊，以飞机、重炮、坦克为掩护，气势汹汹向市区进犯。自卫军广大官兵英勇抵御，激战数日，以血的代价顶住敌人的猖狂进攻，并击落日机一架。

2月4日，日军集中优势火力、兵分两路向市区发起总攻。

李杜等将领亲临前线指挥，官兵们在敌人的飞机、重炮和坦克面前决死奋战，当天击毙日军大尉山本良次，几乎全歼日军一个中队。

2月5日（除夕）凌晨，日军出动大批飞机对自卫军防地狂轰滥炸，部队损失惨重，李杜见已不能挽回危局，只好暂时放弃。哈尔滨沦陷。不久（3月9日），日寇扶植清废帝溥仪“执政”，成立所谓“满洲国”。

当时的南京政府寄希望于国联能公正处理日军的侵略行径，历史证明，那是幻想。张贯一（杨靖宇）苦于我党当时在东北还没有自己领导和指挥的军队，因此向省委建议派军事干部到县城协助中心县委组建工农武装。省委采纳了张贯一（杨靖宇）的建议，先后派杨林赴磐石去办军

◁ 哈尔滨三十六棚中东铁路机车修理厂。杨靖宇曾在这里发展反日组织，动员人民群众参加反日爱国斗争

政训练班，周保中（云南讲武堂出身，留苏回国的军人）去吉东开展兵运，赵尚志（后为东北抗日联军第三军军长）到珠河义勇军开展工作。

没有春天播下的种子，一定不会有秋天的收获。杨靖宇已将抗日的种子播在了东北的黑土地上。

不久，种子发芽了。磐石中心县委、海龙中心县委、宁安中心县委、巴彦苏中心县委陆续向张贯一（杨靖宇）书面或口头报告。报告称：

杨林协助磐石中心县委正式成立了满洲工农义勇军第四军第一纵队。

王仁斋带领海龙游击队加入了辽宁民众自卫军第九路军。

周保中被宁安的左路军总指挥王德林聘任为总参议。

赵尚志被巴彦苏的东北抗日义勇军司令张甲洲聘任为参谋长。

虽然各地游击队还很弱小，但杨靖宇却对之抱有无限希望。星星之火是可以燎原的，更何况抗日烽火已在东北大地燃烧。

6月24日，临时中共中央在上海法租界秘密召开了北方各省委代表联席会议，博古主持了会议，又称“北方会议”。

7月初，由参加北方会议的何成湘，陪同临时中央任命的满洲省委组织部长兼代理书记李抱一（真名李实），抵达哈尔滨。随即召开的满洲省委扩大会议上，执行了北方会议“左”的政策，通过了李抱一起草的三项决议。决议批评前省委“没有把创造苏维埃提到议事日程上，反日而不积极反国民党、反李杜、反马占山，反日而不反豪绅地主”。决议要求“必须改造满洲省委的领导机关”，还提出“东北党的任务，是在东北普遍建立工农红军，建立苏维埃政权，积极开展罢工、罢课运动”。

对张贯一（杨靖宇）的工作安排，在季密（胡世杰）未到职前，暂时负责工作，并要求要以城市工作为主。

张贯一（杨靖宇）不争辩，也不发表与决议相左的意见，因为事实会说话。

三个多月后，许多按照省委扩大会议开展工作的各级组织，惨遭敌人破坏，许多党员与领导人被捕。巴彦苏的赵尚志因贯彻省委决议，连遭挫折，仅带出十来人返回哈尔滨。磐石中心县委因带领群众“打土豪分田地”，造成有反日思想的中小地主的反对。磐石第一纵队在农村活动时，未能很好地团结有反日倾向的山林队，使义勇军陷入了孤立状态。

惨痛的事实令杨靖宇极为痛惜：在东北，错失了轰轰烈烈发展党的抗日武装的最佳时期。

李抱一决定让张贯一（杨靖宇）去巡视南满党团组织和游击队。

为了保密起见，下去要用化名，给省委报告要署名。

张贯一（杨靖宇）说：“在开封读书时，立志要靖宇，现今满洲处于乱世，就化名‘杨靖宇’吧，署名‘乃超’，回省委仍用张贯一。”

驱除日寇，还中华大地平和与安宁。杨靖宇用自己的名字，表达了矢志抗日的决心与信心。从此，杨靖宇这个名字就和东北抗日斗争紧紧联系在一起，成为东北抗日力量的象征。

16 年后（1948 年），哈尔滨人民为了纪念民族英雄杨靖宇将军，将原正阳街命名为靖宇大街，将原姑子庙命名为靖宇小学校。58 年后（1985 年）经上级批准将原道外公园命名为靖宇公园。

巡视南满[1]

☆☆☆☆☆

（27 岁）

深秋，夜幕下的哈尔滨，落叶纷纷，秋风瑟瑟。街道上不时地走来鬼子的巡逻兵，端着上了刺刀的枪，血腥的刺刀寒气森森。

杨靖宇一身商人的打扮，和他的小搭档

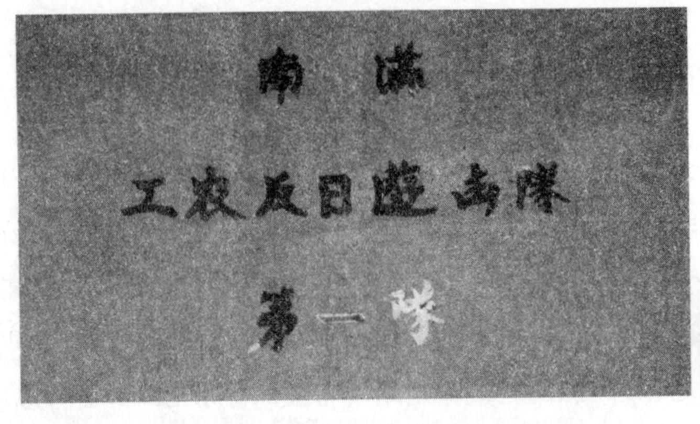

◁ 南满工农反日游击队第一队袖标

刘过风，穿过阴森森的街道，来到戒备森严的哈尔滨火车站，匆匆蹬上南去的火车，赶往南下巡视的第一站——江城吉林。

火车颠簸了大半宿，于次日（1932 年 10 月 23 日）凌晨到了吉林站。交通小刘早已等在那里。对了接头暗号，小刘将二人安排进预定好的站前旅馆。

吉林是位于松花江中游的一座美丽的沿江城市，水陆交通便捷。然而此时，昔日的美丽早已被日寇的铁蹄踏碎了。

杨靖宇向李维民了解吉林支部的情况，觉得吉林不应再隶属磐石中心县委，应成立吉林特支。

杨靖宇更关注磐石义勇军目前的状况，李维民介绍说：

“磐石县山林茂密，土匪、汉奸、地主等多

种武装各自为战，情况极其复杂。这不，磐石义勇军与常占（时任总队长，山林出身）闹翻了，政委张振山去省委汇报了，还没回来。队伍现已离开了玻璃河套，有可能转移到了烟筒山黑熊沟一带活动。”

第二天一大早，杨靖宇便急忙和老刘乘火车来到了烟筒山镇。为了便于交通联络，杨靖宇让老刘留在镇上等消息，自己只身前往黑熊沟。

时值深秋，霜叶火红如花。杨靖宇按交通老刘指示的路径，在枫林中前行。突然，树丛中钻出两个手持长枪的绺子（土匪）拦住了去路，喝道：

“干什么的？”

“干山利落的。”杨靖宇用接头暗语回答。

两个绺子听出是游击队的联络暗号，便问：“你是磐石游击队的人？来这里干什么？”

“我找你们的常队长。”杨靖宇回答道。

两个人用黑布蒙了杨靖宇的眼睛，带着他七拐八拐地走了约摸有半个钟头，来到了一处院落。听见一个粗嗓门喊道：“把这个大个子绑了，给兄弟们报仇。”

两个人上来，抹肩头拢二背，把杨靖宇五花大绑地捆上，摘掉蒙眼黑布，推到一个满脸青胡茬、五十出头的头领面前。

“你就是常占？”杨靖宇问。

“老子行不更名坐不改姓，你还有什么话说。”常占说。

“我是中共满洲省委的代表，专程赶来调和你和张振国闹崩的事。你这样绑着我，是待客之道吗？难道想把我送给日本人！”杨靖宇毫不相让。

“哦，那就误会了，千万别见怪。”常占可不想落个汉奸骂名，同时也觉得眼前这个大个子，很有胆识，便亲手给杨靖宇松了绑。

常占拽了条板凳，请杨靖宇坐下后，就诉起冤屈来。

杨靖宇也基本弄清了常占闹分家的原因，就对他说：

“你有你的道理，等我调查清楚事情的原委，如果你真的有委屈，我一定为你主持公道。”

杨靖宇在常占队逗留了四天，向常占讲了许多要以抗日大局为重的道理。

杨靖宇回到吉林后，交通小刘通过关系也找到了在桦甸八道河子的磐石义勇军。

磐石中心县委书记全光和组织员纪儒林听到信后，火速赶到吉林，与省委巡视员杨靖宇接头。次日，全光（后为南满省委委员，1941 年叛变）、纪儒林陪同杨靖宇和刘过风，乘早车抵达明城。徒步三小时，到达磐石“大甲黑”西边的玻璃河套磐石中心县委驻地。杨靖宇通过与人个别谈话后了解到，磐石党组织有党员 92 名，县委领导人是由中央派来的原黄埔军校疏散的一批朝鲜族党员。县委下属的三个区二十二个基层支部，其成员大部分为朝鲜共产党马列派总局解散后，经满洲省委审查吸收朝鲜族党员为主体组成。因此，汉满族地区的工作很薄弱。

11月3日，天空飘起了雪花。杨靖宇在全光的陪同下，踏着青雪，越过吉海路，来到桦甸县八道河子前蜜蜂顶子，报号“伍洋”的磐石义勇军驻地。在一处民房，召开了磐石县委同游击队“特支”的联席会议。会上，杨靖宇宣布：

从即日起，磐石义勇军改编为中国工农红军第三十二军南满游击队，孟洁民任总队长，初向辰任政委，李红光任参谋长。

红军的游击队建立起来了，但这支队伍的斗志并不高昂。

问题出在哪儿呢?

先调查，找出问题的症结。

杨靖宇同全光商量后决定：由全光等人去石虎沟筹备中心县委扩大会议；由刘过风带着杨靖宇的书面报告，回哈尔滨去接省委常委金伯阳。

杨靖宇暂留游击队驻地。经与孟洁民、李红光等谈话，才弄明白常占向自己诉的冤，隐瞒了许多重要事实。此次游击队来到蜜蜂顶，是全光等人为了万一情况有变，可以东渡松花江去东满，然后设法赴苏联避难。他们多数是由苏联派到黄埔军校的。

其次，做思想工作。

杨靖宇深入战士的帐篷做思想工作，准备将这支队伍拉回磐石境内去活动。他同战士们座谈时，用点亮油灯比喻说:“大家看，点亮这盏灯，要有碗、有油、有灯芯、有火种，缺一不可。磐石好比一只碗，人民好比油，咱们要点亮这盏抗日的灯，为啥要做没有碗、没有油的灯芯呢？”

再次，鼓舞士气。

11 月 7 日，是中华苏维埃共和国诞生一周年纪念日。杨靖宇率领南满游击队 170 人，高举中国工农红军第三十二军南满游击队的大旗，由桦甸出发，向磐石挺进。

△ 1933年5月28日，驻磐石县烟筒山镇的伪迫击炮连起义时的驻地烟筒山镇成德源烧锅。

行军途中两次遭到伪军的袭击，还牺牲了两名队员。队员的情绪很低落。

到达磐石后，杨靖宇率领全队，一夜急行军 80 里，奔袭郭家店，活捉了无恶不作的“活阎王”于宽和他的大排队队员，缴获武器二十多支。这场胜利极大地鼓舞了队员的士气。

11 月 15 日，在省委常委金伯阳的主持下，于石虎沟大清观庙堂中，召开了磐石中心县委扩大会议，全光引咎辞职，重新选举产生了新县委成员。这次会议，在磐石史上，称作“石虎沟会议”。

至此，对磐石游击队的改编初步完成。杨靖宇对磐石周边的地形、地貌也做了充分的考察，心中构想着以红石砬子为中心开创抗日根据地的蓝图。

随后（12 月 23 日），杨靖宇到了海龙，整顿海龙县委，改编海龙游击队为中国工农红军三十七军海龙游击队，任命王仁斋为总队长。但这时磐石的游击队遭到了厄运：他刚离开，1933 年元旦，游击队总队长孟洁民被叛徒出卖，在伊通吉昌镇长胳膊屯被汉奸张志仁诱杀。1 月 10 日，游击队在磐东遭到呼兰高锡甲地主武装的突然袭击，政委初向辰、继任总队长王兆兰当场牺牲，队伍被打散。

接到紧急报告后，杨靖宇连夜赶回磐石，在虎石沟召开了革命烈士追悼大会。重整了队伍，任命袁德胜为总队长，李松波为参谋长，李明海任直属教导队队长，李红光为政委。

北风呼啸，刺骨的寒风撕裂着这片被日寇蹂躏的土地。

杨靖宇望着茫茫的雪原，心头腾起一股豪气。

他已经清楚地意识到，自己离不开这里了。

他决心留下来，与东北的将士们一起浴血奋战到底。

---

①南满地区主要指的是：磐石、桦甸、吉林、双阳、伊通、海龙、柳河、通化、清原、新宾、桓仁、抚顺、本溪、辽阳、岫岩、丹东一带。

东北抗日联军

（1933—1940）

力挽狂澜

☆☆☆☆☆

（28岁）

杨靖宇留了下来。1933年1月25日，满洲省委批准了杨靖宇的请求，兼任南满游击队政委职务。

杨靖宇的留下，不但使游击队很快得以重建，而且使游击队的活动区域扩大到了周围的伊通、桦甸、双阳等地。然而，一个再自然不过的结果就是：日伪方面的恐慌和继而进行的“围剿”。

杨靖宇带领着最初不足200人的队伍，竟奇迹般地打败了敌人四次、每次兵力都超千人的疯狂围剿。杨靖宇的制胜法宝是什么呢？

杨靖宇的制胜法宝就两个字：

打——狠狠地打，机动灵活地打。

联——密切联系群众，联合一切抗日力量。

蛤蟆河子“会兵头子”高老五因残酷杀害了九名朝鲜族青年，被杨靖宇、李红光带领红军给予了痛击。侥幸逃脱的高老五到县城找日本领事搬兵，日本领事根据高老五的请求，拟于正月初四（1月29日）出动日军鳖条大队和伪军毛作彬团及投降鬼子的胡子队1000人，对游击队实行“围剿”。杨靖宇通过磐石地下党得到了这一情报，于初四夜带领300名游击队员，预先埋伏在了三棚砬子。1月30日，敌人进入了埋伏圈。杨靖宇一声令下:“打。”全歼了鳖条大队，击溃了伪军毛团及胡子队，取得了第一次反“围剿”的胜利。

2月27日，鬼子坪井中队乘火车秘密潜往烟筒山，意图偷袭红军。杨靖宇得到情报后，立即命令工人自卫队第一队队长曹国正，会同列车上扮成旅客的南满游击队二大队长朴四平，及一百多名游击队员，于永宁站“劫票车”。行动非常顺利，上百名鬼子兵全部被俘，还缴获了大量武器装备。鬼子不知道出了什么事，于次日出动铁甲车沿线搜查，到达老爷岭隧洞北口时，被游击队用“王铁匠”制造的“烈性土雷”给炸“趴了窝”。击毙日军官兵九人，缴获重机枪一挺，手提式两支，还有其他武器弹药。

3月1日，恼羞成怒的鬼子，调动伪军的骑兵团和步兵团，发动第二次“围剿”。杨靖宇发挥当地抗日民众的力量，配合游击队，将伪军刘东坡骑兵团牵制在桃山附近，使其无法同伪军毛作彬的步兵团会合。游击队利用碱草岗地形优势，布下了埋

△ 抗日义勇军战士整装待发

伏。战斗一打响，专打坪井大佐派来的日军。杨靖宇下令向毛团喊话："毛团的士兵们，我们专打日本人，你们只要不同红军作对，可以放你们一条生路。"以此分化瓦解敌人。鬼子损伤惨重，游击队取得了第二次反"围剿"的胜利。

3月29日，杨靖宇同毛作彬、马立山谈判，达成联合抗日协定。

南满红军游击队军威大振，有良知的群众都说："只有红军，才能抗日。"

小鬼子不甘心前两次"围剿"的失败，又集结了骑兵、步兵联合炮兵，对红军南满游击队实行第三次大规模"围剿"。

4月19日，杨靖宇将日伪军诱致红石砬子与登陆石山的峡谷绝地，先以“滚木礌石”冲垮敌人的进攻，后以短枪队穿插攻击。擒获了敌炮兵连长，迫令其掉转炮口，轰击敌军山后的营地。同时，友军“宋营”（宋国荣的第八路义勇军）和“老殿臣”队，从两翼包抄。鬼子被打得溃不成军，取得了第三次反“围剿”的胜利。

4 月 29 日夜，杨靖宇派李红光率领 19 名队员，化装成磐石日军指挥官，穿越蛤蟆河子双桥封锁线，直捣敌军第四次“围剿”的指挥中心，擒获 19 名军官和士兵，并就地处决。不等天亮，杨靖宇率领红军游击队、工农自卫队等全部武装，大举进攻。失去了指挥的敌人，被打得晕头转向，四散而逃，顺利取得了第四次反“围剿”的胜利。

从 1 月下旬至 5 月，日伪军在磐石发动了主要矛头指向南满游击队的四次大规模“围剿”。这一期间，游击队与敌人共进行大小战斗六十多次，消灭日伪军百余人。四次反“围剿”的胜利，使杨靖宇领导的南满红军游击队闻名遐迩，成为一面对各支抗日队伍都颇有吸引力的旗帜。

5 月中旬，杨靖宇接到满洲省委的紧急通知：要立即赴哈尔滨，参加省委专门召开的贯彻 1933 年 1 月 26 日《中央给满洲各级党部及全体党员的信——论满洲的状况和我们党的任务》的来信（简称“一·二六指示信”）精神的工作会议。

5 月 26 日，杨靖宇赶回了哈尔滨。为了抗日的需要，省委根据“一·二六指示信”的精神，决定将红军改为人民革命军。编成三三制的东北人民革命军第一独立师。指定杨靖宇担任独立师师长兼任政治委员。杨靖宇表态说："中央的来信给我们指明了抗日策略方针，是满洲党转变策略的好机会。中央来信纠正了北方会议的"左"倾错误路线，是会得到广大党员全心全意拥护的。"一·二六指示信"的核心精神就是联合一切可以联合的力量抗日。

杨靖宇在省委工作了二十多天，为掩人耳目，身穿灰哔叽呢长衫，一身富商打扮。此期间他完成了《给省委的工作报告》，起草了《南满人民革命军政治纲领》等文件，还仿照陆军军歌，填写了一首《人民革命军军歌》，以备改编为人民革命军时使用。

6月下旬，杨靖宇要回磐石没有路费，典当了褥子和长衫（后被姜椿芳的母亲赎回，现陈列在东北烈士纪念馆），化装成"苦力"，随"东家"（省委交通小刘），乘火车返回了磐石。

回到磐石后，在杨靖宇、李红光的指挥下，联合各路抗日队伍，攻克了伊通县营城子的伪军据点，攻占了桦甸北部重镇八道河子，毁坏敌人铁路一百三十余华里。

7月20日，在杨靖宇与毛作彬的共同发起下，会同响应的70多名联合军的首领，代表3500名抗日将士的心愿，成立了南满抗日联合军总参谋部，并共同发起《联合抗日宣言》。

9月18日，九·一八事变两周年之际，按照中共满洲省委的指示，磐石县中心县委和南满游击队在西玻璃河套的猪腰岭召开会议，正式宣布将红军第三十二军南满游击队改编为东北人民革命军第一军独立师。全师三百多人。杨靖宇任师长兼政委，李红光任参谋长，安铁岩任政治部主任。会议发布了由杨靖宇起草的《东北人民革命军第一军独立师成立宣言》、《东北人民革命军政纲》、《告反日义勇军战士弟兄书》等文告。

以人民革命军第一独立师为中心，联合众多抗日队伍结成的统一战线，为南满抗日游击战争注入了新的生机与活力。

当地百姓喜欢称杨靖宇为杨司令。

挥师南下

（28岁）

人民革命军在磐石的诞生，震惊了日本关东军。日寇发兵一万两千万余众，对抗日游击区实施疯狂的“秋季大讨伐”。

硬拼肯定行不通，避实击虚才是上策。

杨靖宇留下一团和少年营在磐石坚持敌后斗争，以造成独立师还在磐石转战的假象。杨靖宇率领独立师主力，于10月27日，从玻璃河套出发，在黑石镇附近渡过辉发河，金蝉脱壳，跳出敌人的包围圈，开辟新的游击区和根据地。

杨靖宇挥师南下，第一个打击的目标就是大汉奸邵本良。

邵本良这个人其实本不良，仗着一手好枪法，号称为“东北第一大厉害”。他是一个有二十多年匪龄的老胡子头，还做过东北军的团长。九·一八事变以后，他投靠了日本人。他的日本主子倒很赏识他，让他做上了东边道少将“剿匪”司令的位置，防区就在金川、柳河一带。

10月29日，部队抵达金川县龙湾堡。杨靖宇一到，就通过农民关系向小金川据点报信说：“红军今天要破小金川。”邵本良也不敢不信，增加防守总是没错吧。于是就调来凉水河子的守军来防。

杨靖宇却指挥部队向凉水河子移动。11月1日拂晓，突袭了凉水河子留守之敌三十多名，缴了械并摧毁了其防所和炮台。

邵本良慌忙派出一个营五百人的兵力，回援凉水河子。此时杨靖宇又奔袭了小金川，烧毁了那里的防所和炮台。

杨靖宇声东击西之计，对邵本良牛刀小试了一下。

杨靖宇率领部队开始向柳河进发，目标是东边道的门户——三源浦。

1933年11月15日，金伯阳与政治保安连殿后，因突遇暴风雪，只好在岭北的旱龙湾宿营，却意外地与邵本良的一支伪军遭遇，经过三小时的激战，打退了伪军。战斗中，金伯阳与三名战士不幸壮烈牺牲。次日，杨靖宇得到消息后，悲痛欲绝，发誓这笔血债要让敌人用血来还。

11月24日，杨靖宇和李红光指挥东北人民革命军第一军独立师成功地用调虎离山计把邵本良的主力调出了他的老窝——柳河三源浦，然后乘虚而入逮捕了汉奸走狗，并没收了他们的财产，摧毁了伪满铁路工程局和伪警察署，烧了他的几十间营房，缴获了大批军用物资和武器弹药，基本上解决了独立师越冬所需物资。

这一仗震动了南满。因为三源浦不但是邵本良的重要兵站，而且是梅辑线上的重要据点，地势险要，戒备森严，许多人都说打下三源浦比虎口拔牙还难，但杨靖宇却把它一举打了下来，给了邵本良沉重的打击。

当邵本良带着骑兵赶来救援时，连东北人民革命军的影子也没见到，只好懊丧地返回柳河坚守城池。

12月23日，杨靖宇指挥部队，攻陷了邵本良的后勤基地，将缴获的全部物资，运往在“哈里河里”新建的基地。

号称“东北第一大厉害”的邵本良，这回颜面是丢大了。他立即发电报给日军驻奉天的司令部告急，请求重兵支援。

12月26日，邵本良除率领本部人马外，还来了两千多日本兵，在柳河县大小荒沟一带摆开阵式，对杨靖宇的部队形成了包围态势。

虽然敌人包围了杨靖宇的部队，但却轻意不敢往深山密林里打，谁都怕杨靖宇的“山林游击术”。

邵本良自作聪明，他虚发了一封给其部下的信，信中假称东部有他的重兵，然后又故意让这封信落入杨靖宇的手上。

杨靖宇得到这封信后，仔细地分析了一下敌情和地形情况，看穿了邵本良的把戏。因为从地图上看，东部山高林密，邵本良是不可能把重兵摆到那里的。一定是敌人怕我突入东部深山里，才故意发出这封信，以把我引入他布有重兵的西部地区钻他的口袋里的。看破了这一点后，杨靖宇便将计就计，也发出了一封给部下的假信，并故意让邵本良将信得去。

信中说，他打算从西部突围出去，让部下来配合。

邵本良得信后，自以为得计。那天深夜，就在他憋足了劲在西部等着杨靖宇的时候，李红光带小部队化装成日军先行突破防线，杨靖宇带着部队从东部突围而去。次日上午，杨靖宇又带队向北急行三十多里，穿越公路时，顺手截获了邵本良六辆运送弹药补给的车，缴获了大量的军用物资。

经过这一个回合的较量，邵本良算是知道了杨靖宇的厉害了。他私下里说："我邵本良就够鬼的了，杨靖宇比我还鬼；我一个邵本良的兵可以打十个胡子，一个红军却可以打我十个邵本良的兵。"

然而，杨靖宇是绝不会放过他的，他欠下的东北人民的血债还没还呢。

抗联崛起

（29岁）

得民心者得天下。由于独立师深受群众欢迎，所以尽管在其成立后即面临着敌人一次又一次的进攻，但却越战越勇、越打越强。独立师力量一强，说话也就有人听了，将各抗日武装力量联合起来的时机也成熟了。

1934年2月21日，包括杨靖宇的独立师在内的南满17支反日武装的首领，云集临

△ 密营中的抗联战士满怀战斗豪情

江县城墙砬子（今属江源县），大家一致同意成立抗日联合军总指挥部，并发表了《南满抗日联合军成立宣言》，杨靖宇被选为抗日联合军的总指挥。当时亲临会场的中共满洲省委巡视员小孟（即韩光）在给省委的报告中说：

“选举总指挥部的人员的时候，尤为郑重，皆用投票法。当时室内则鸦雀无声，选总指挥的17张票，16张写着杨司令。”

李红光当选为总参谋长，宋铁岩当选为总政治部主任。随后，召开第一次总指挥部会议。经会议推选：隋长青出任副总指挥，赵明思出任外交部长。会议共同制定了《南满抗日联合军斗争纲领》，具体规定了结盟三条件。会议一致同意取消山头，编成南满抗日联合军序列八个支队。八个支队为：

隋长青（“老长青”）组建第一支队，任志山（“四海山”）组建第二支队，刘殿武（“万军”）、郭延全（“压五营”）组建第三支队，朱宝善（“朱大善人”）组建第四支队，祁成全（“双胜”）组建第五支队，韩玉德（“保国”）组建第六支队，宋绍崇（“东边好”）组建第七支队，赵明思（“赵参谋长”）组建第八支队。

这些曾啸聚山林、桀骜不驯、各自为战的各路豪杰，终于走到了一起，在南满抗日联合军总指挥部的统一指挥下，联合抗日。

消息一经传开，东边道一年来已低沉的抗日局面起了急剧的变化。数百个潜伏在长白山地区的自卫军、国民救国军的残余部队，不啻听到一声春雷，从蛰伏的森林山寨里涌了出来，纷纷表示愿意与“扛鼎扬旗”的杨司令共同抗日。此后，陆续与南满抗日联合军结盟的有：

西安（今辽源）的义勇救国军司令唱春风，于3月上旬与杨靖宇会面，签订了结盟协约。

原自卫军十六路司令孙秀岩属下第八团团长左子元，于4月初，找到杨靖宇，热切要求将自己的队伍编入人民革命军序列。杨靖宇为了发挥左子元在东边道中部地区联合友军的特有灵活作用，将其暂编为南满抗日联合军独立第十一师。

辽宁民众自卫军第十九路军总司令王凤阁，于5月4日与杨靖宇会见。两位司令彻夜长谈，达成七项共识，最后签署了共同抗日协约。

朝鲜革命军司令梁世奉，于6月初与杨靖宇会面，并定了联合作战协定。

抗日虎将阚子祥于12月上旬邀请杨靖宇将其所属部改编为南满抗日联合军第四师。

杨靖宇因其在东北抗日武装队伍中的巨大影响力，在江西瑞金召开的中华苏维埃第二次全国代表大会上，被缺席选为中央执行委员会委员。

杨靖宇率领的独立师，与南满抗日联合军协同作战，粉碎了敌人来势汹汹的春季大讨伐。

到1934年9月份独立师成立一周年的时候，已经发展到八百多人。

11月5日，中共南满党的第一次代表大会在临江县召开。大会一致通过了杨靖宇关于正式成立东北人民革命军第一军与组织中共南满特委的提议。

东北人民革命军第一军下辖两个师及各个直属队。杨靖宇任军长兼政委，朴宗汉任参谋长，宋铁岩任政治部主任。李红光、曹国安分别任第一、第二师师长。

杨靖宇为各师和军部直属部队，调整并重新划分了游击区域。至此，全军活动范围遍及通化、临江、柳河、兴京、桓仁和濛江、金川、抚松、磐石、西安、海龙、伊通等二十多个县城。

练就铁军

☆☆☆☆☆

（30 岁）

杨靖宇的队伍不是养出来的，是打出来的。

日本鬼子对东北革命军的讨伐、围剿从未间断过，为了切断人民军经济补给，甚至采取“保甲连坐法”、“集团部落法”（也称“归大屯”，把游击山区附近的老百姓都赶到一处，统一管理，试图割裂革命军与人民群众的血脉联系）。

粮草、服装、武器、弹药，都需要“打”才能获得。

没吃没穿的怎么办？打。也叫“打粮”。端掉日伪军的据点和后方基地，补充粮草。

没武器弹药怎么办？打。打掉日伪军的据点缴获武器，截获日伪军的补给运输。

甚至连实战演习都是真打，拿敌人当演

习靶子开练。

有个著名的演习实例，闹枝沟岭实战演习。当然，对鬼子来说，可不是演习，是惨败。

1935 年 4 月末，杨靖宇西巡到达兴京都督伙洛附近的闹枝沟岭，这里也是西进部队约定的集结地。各部陆续到达后，杨靖宇从作战参谋安光勋那里了解到，第一师集结的兵力已达 550 人。为检验第一师的作战能力，杨靖宇召开军部会议，决定利用闹枝沟岭的地势，进行一次实战演习。巧的是，得到情报，日军一个守备中队二百多兵力，乘六辆汽车从陵街出发，正前往桓仁铧尖子讨伐，闹枝沟岭是必经之地。

第一师师长李红光可不想错过这个好机会，高兴地说："正是实战演习的好靶子。"于是立刻制定了作战计划：参谋长李敏焕带所部步骑 200 人主攻，又命赵文喜大队出动，范喜明小队 20 人配合，其余部队埋伏在都督伙洛至岔路子一线观战。

鬼子的军车沿山路呼啸而来，首先出击的范喜明小队并没用枪，子弹太金贵了，能省则省。埋伏在山坡两侧的队员，将事先伐好的树推向山路，砸翻了第一辆驶来的汽车，后面的五辆车来不及刹车，纷纷撞到了一起。鬼子兵大乱，李敏焕带领步兵、骑兵从山路两侧冲杀过去，鬼子被全歼。

杨靖宇率领的革命军队，不同于山林队，不仅能打、会打，还有严明的纪律，崇高的信仰，有明确的政治纲领，有严格的军队工作条例，有健全的士兵委员会制。面对强大的敌人，虽

▷ 中共中央“一·二六指示信”

说只能以游击战开展斗争，但其军队是正规军，是有革命理想、组织严明的军队。

辽宁民众自卫军第十九路军总司令王凤阁曾慨叹说：

“1932 年以来，我们满足于民众的揭竿而起，忽视了部队的军训政训，所以我们的部队素质不高，没有杨司令那样得法。打打训训，发动民众运动，坚持游击战，坚持扩大根据地，人越打越多，地盘越打越大，又建立起政权！而我们不得法，队伍越打越少，地盘越打越小，快成了孤家寡人啦！”

要练就铁军，不仅要有英勇的士兵，更要有智勇双全的指挥官。

第二师师长曹国安（原是北平毓文学院的学

生，中共党员。九·一八事变后受党组织派遣回到东北，领导武装斗争）就是在对敌斗争中成长起来的优秀指挥官之一。

曹国安师长曾经被属下丁守龙（作战参谋，后叛变）擅自下了枪，委屈的曹师长只好找杨靖宇军长申诉。杨靖宇觉得事态严重，立刻召开了军部会议。军人以服从为天职，对于目无上级的丁守龙予以关禁闭、停职反省的处分，并责令第二师党委和师部，以此事件为课题，进行整顿。同时开展了有计划有目标的游击战大练兵。目标口号就是“痛打邵老狗，歼灭汉奸队！”

曹国安师长针对邵本良旅第六团的行动，制定了清原黑石头作战计划，在虎石砬子大峡谷摆下了口袋阵。

8月22日，邵旅第六团两个精锐营，被第二师的饵兵诱入了大峡谷。早已埋伏好的伏兵，立刻出动，经过激战，击毙击伤伪军百余名，俘虏八十多名，缴获了大量武器弹药。这一仗不但把邵旅的精锐全歼，更使第二师的军威大振。

第二天的《盛京时报》报道：“清原、柳河交界地方讨匪一股，军警死伤不少。”邵本良看到报道后唉声叹气：“真想不到，想不到哇！一个杨靖宇就够对付的了，咋又冒出来个曹国安，真是不可想象啊！”

后有署名“松五”刊登在巴黎《救国时报》上的《关于黑石头战争的追述》一文评说：“这是杨靖宇军长培养锻炼干部的高招，是杨靖宇韬略过人的内蕴力量的释放。”

此战后，杨靖宇转移到临江八道江东方的林子头休整时，望着蜿蜒的长白山，感慨万千，赋诗两首。

中国共产党和中国工农红军在长征途中于1935年8月1日发表的《为抗日救国告全体同胞书》(史称中央《八一宣言》),《八一宣言》是以中国苏维埃政府和中国共产党中央名义发表的《八一宣言》是由中共驻共产国际代表团在莫斯科起草、在巴黎《救国时报》上发表的高度赞扬了浴血东北的抗日英雄："我东北数十万武装反日战士在杨靖宇、赵尚志、王德泰、李延禄、周保中等民族英雄领导之下，前仆后继地英勇作战，在表现我民族救亡图存的伟大精神，证明我民族抗日救国的必然胜利。"

抗日铁军在战斗中成长壮大着。

1935年10月4日，杨靖宇率领东北人民革命军第一军，与李学军、曹亚范率领的第二军西征部队在濛江县那尔轰胜利会师，重新调整了两军结合区域的武装部署，打通了东满与南满两大游击区在战略上的联结。

10月上旬，根据《八一宣言》的宗旨："组织全中国统一的抗日联军！"杨靖宇、李东光、纪儒林举行了南满特委与军党委联席会议，决定以东北人民革命军第一军为主体，正式将原南满抗日联合军各支队、东边道武装自卫委员会的抗日自卫部队，整编为东北抗日联军第一军。

杨靖宇领导的第一军，共三个师，但在杨靖宇领导下，由抗联一、二两军合编，以第一路军共六个师。总兵力达六千五百余众，成为当时左右南满军事形势的劲旅。

至此，北起黑水，南越白山，西达南满铁路线，构成一条绵延两千里的抗日游击战线，使东北游击战争进入了崭新的历史时期。

英雄本色

（31 岁）

满天星，数不清，
东边道，出英雄。
抗日英雄无其数，
杨靖宇数第一名。

▷ 东北抗日联军第一路军部分指挥员合影（左起1崔东学、2艾富荣、7曾龙、8池凤松）

这是在东北的老百姓中间流传着的关于杨靖宇的一首民谣，在百姓心目中，杨靖宇就是一等的抗日大英雄。

杨靖宇的心中更时刻装着百姓。

1936 年 1 月 11 日，还有十多天就过年了。杨靖宇得到情报，邵本良派出两个连的兵力押运年货。这可是送来的大礼，杨靖宇部署部队在桓仁响水河子，成功地截击了运粮车队，缴获几十辆大车的年货。虽然抗联的补给也捉襟见肘，杨靖宇还是将三成分给了当地群众。

杨靖宇最想消灭的是鬼子，最恨的就是汉奸。

杨靖宇决定亲自挂帅去征讨汉奸邵本良的警备旅，南满特委常委李东光和纪儒林急忙劝阻，提出“军部主帅不许外出冲锋”是特委的规定，建议派一位师长带两个团去。

杨靖宇说：“军部是统帅部，尽指挥别人去冲锋陷阵，而自己不去冲锋陷阵，抗日大业能成吗？”

杨靖宇还是说服了两位常委，于2月27日半夜，率部袭击了东热水河子的邵本良骑兵第五团驻地。活捉了两个副团长，邵因日前去通化，侥幸逃过了这一劫。

邵本良却龟缩在通化县城不出来了。

攻打县城？伤亡会很大，那是拿将士的生命来赌。一向认为司令的职责是保护将士生命的杨靖宇，不会行此下策。

杨靖宇决定，要把邵本良从通化城里逼出来，不仅要逼出来，还要把他引诱到生疏地方再消灭他。

4月5日，杨靖宇根据情报，在龙岗山西麓二道崴，派兵袭击了奉天教导队骑兵团高团长的团部，却故意放跑了高团长。

高团长是伪第一管区司令于琛澄的小舅子，他向姐夫参了邵本良一本。于琛澄狠狠训斥了邵本良，命令他立即出城追剿抗联。

4月7日，邵本良只好率队出城，却采取了步步为营的蜗牛行动。

杨靖宇也不着急，你逼近了，我就走。你不走，我也不走。你追来，我再走，“拖”着你走。

顺路还拿下了辑安县的花甸子警察分所和保甲自卫分团。

杨靖宇还召开了群众大会，宣传抗日救国。

就这样，杨靖宇拖着邵本良的追剿大部队走了二十多天。从通化走到了本溪。

4 月 28 日，进入了本溪以东的赛马集山区。杨靖宇不走了，因为在这里，他早已经集结了1000 人的兵力,在梨树甸子大东沟布下了口袋阵，准备关门打狗。

4 月 30 日，邵本良带领的 1000 名伪军钻进了口袋。战斗打响了，很激烈，一直打了四个多小时，伪军死伤过半。邵本良和两名团长逃跑了，五百多伪军被俘虏，缴获了大量武器装备。赫赫有名的“东边道讨匪司令”大汉奸邵本良的主力部队，被彻底消灭了。

梨树甸子大东沟战役，是南满红军最大的一次歼敌大战。

唯一遗憾的是，没能生擒或击毙邵本良。

遗憾归遗憾，杨靖宇还有许多战略设想要实现。目前杨靖宇最想实现的一个宏大目标就是西征：西征辽沈，进入长城，与中央红军会师，将东北的抗日游击区连成一片，打通联结关内横亘东北的抗日大通道。

欲西征，必先东扩。只有采取声东击西的策

略，才能牵制敌人，以减小西征的阻力。

谁有实力能在东面配合抗联一军的西征呢?

东归河里惠家沟密营的杨靖宇正苦苦思索。

7月5日，战斗在东满的第二军政委魏拯民带队到达，参加南满二大会议。

7月7日傍晚，杨靖宇、魏拯民共同召开了南满、东满的领导人与第一军、第二军高级干部会议（史称“河里会议”）。经讨论决定：

一、东、南满党的组织合组为南满省委。

二、第一、第二军合编为东北抗日联军一路军。

东北抗日联军第一路军建制为：

第一路军下辖两个军六个师：第一军由3000人编成；第二军由2000人编成。第一军原属一、二、三师的序列下；第二军原属一、二、三师序列更换为四、五、六师。

并任命：

杨靖宇任第一路军总司令、政委兼第一军总司令、政委。王德泰任第一路军副总司令兼第二军军长。魏拯民任第一路军总政治部主任兼第二军政委。

随后，杨靖宇、魏拯民就第二军配合第一军西征，做了详细论证，并制定了军事行动方案。魏拯民返回抚松的第二军军部，传达“河里会议”精神，杨靖宇开始制定西征计划。

然而，一个不幸的消息传来：白家堡子民众遭到屠杀。

经调查得知，逃回奉天的邵本良，死灰复燃，带领其第七团第一营，外线包围配合，于7月15日，制造了震惊北部东边道的血洗白家堡子五百多人的大惨案。

杨靖宇愤怒了，命令军部教导团、警卫营和直属机枪连："凑近邵本良第七团的鼻子打，打他个'窝老的'！以尽抗日联军的天职。"

8月4日凌晨，杨靖宇亲率部队在四道江与五道江之间设下埋伏。上午9时，邵本良的先头部队开到，一个马弁口渴，到黄瓜架下摘瓜，发现了红军的冲锋队。战斗提前打响，战士们仇根的烈火化做一颗颗子弹，打得邵本良的第七团两个营人仰马翻。邵本良见事不妙，慌忙逃到一朝鲜族人家换衣跳江而逃。日本鬼子顾问樱井知行装死，被查出当场击毙。

邵本良逃回了通化县城，以为平安无事了。但是，杨靖宇还是没放过他。杨靖宇给他写了封谢帖，通过地下关系送进了宪兵队。邵本良被鬼子抓去打了个半死，他的大儿子邵会丰（也曾被抗联将士抓到，为瓦解伪军，杨靖宇把他放了）被关押到关东军司令部当人质。

大汉奸无论苟活着还是死了，永遭唾弃。

◁ 杨靖宇将军创建的红石砬子抗日游击根据地遗址

大英雄无论生和死，永远令人景仰。

而唯大英雄显真本色。

一天（8月31日），杨靖宇率部渡过浑江，同左子元师长会面，商讨反讨伐策略。左子元热情邀请杨靖宇到浑江口去观察本部为越冬准备的密营。骑马走过“驮道”，随后徒步进入盘旋鸟道。在沿江陡壁的山凹处，随地形错落搭成了四五所满族风格的桦皮小屋，司令部就设在冬暖夏凉的天然岩洞里。左子元本是满族正黄旗的抗日将领，想以联姻的办法，来巩固自己的军事地位。就在总司令杨靖宇观察密营环境时，令其两个花枝招展的胞妹，按照满族的习俗，唱起《传膳歌》来请杨司令宴会，这是求婚的第一步。入岩洞后，先后又上了十镫糕点、十道大菜，席间斟酒提出联姻之事，杨靖宇巧妙解脱。

杨靖宇说：“联姻之事，须报请党中央批准，个人无权做主。”进而表示：“愿意歃血为盟，这比联姻更亲近一层。”

于是吸收左氏两姐妹加盟，立兰谱，磕中指血混合于酒中而饮，向苍天宣誓：“海枯石烂不变心，救国救民打日本。”

31岁的杨靖宇站在东北的松涛之间，遥望远方。中原，李湾，母亲、妻子，还有一双儿女，是否安好？

只有把鬼子打出中国的那一天，英雄才能有机会尽孝道，尽丈夫和父亲的职责。

一个来自敌方的统计：

1936年，南满日军遭抗联袭击一万二千二百八十一次。

西征壮举

☆☆☆☆☆

（32 岁）

红旗招展，刀枪闪闪，我军向西征。

大军浩荡，人人英勇，日寇心胆惊。

——杨靖宇《西征胜利歌》节选

“杨靖宇是第一个在东三省执行游击战术的人。”当时法国巴黎的《救国时报》如是评价。

一个优秀的指挥官不仅能打、敢打，更重要的是头脑要永远保持清醒，知道什么不能打。

杨靖宇清楚地知道什么不能打：

“地形不利不打，不中要害不打，损失太大不打，祸及百姓不打。”

如此清醒的杨靖宇，为什么会不顾“放弃根据地”、“流寇主义”的指责，坚决地西征呢？

让我们来回顾一下这两次西征。

第一次西征。

任务：打通与党中央及关内红军的联系。

目标：直奔辽西和热河地区。

时间：1936 年 6 月 28 日。

参战部队：由军政治部主任宋铁岩、第一师师长程斌、参谋长李敏焕率领的第一师和少年营。

出发地：本溪与凤城之间和尚帽子。

行动过程：西征部队于 7 月 1 日越过安奉铁路，到达朝天贝，被敌人发现了西征的意图，随后大批敌人跟踪追击，层层包围。西征部队迂回突围，于摩天岭设下埋伏，经过激战，消灭日军今田中队长以下三十多人。但是，第一师也受到了一定的损失，师参谋长李敏焕壮烈牺牲。

行动结果：西征无法进行，部队化整为零返回本溪游击区。

虽然这次西征没有达到预期目的，但它毕竟是一个大胆尝试，而且摩天岭大捷，沉重地打击了日军的嚣张气焰，扩大了抗联的影响。

杨靖宇吸取了第一次西征的经验教训，把第三师参加西征的部队全部改成骑兵。计划在冬季趁辽河结冰封冻之机，快速冲过吉奉、南满铁路封锁线，跨过辽河，挺进热河，与关内的红军取得联系。

11 月下旬，在师长王仁斋、政委周建华和参谋长杨俊恒的

△ 东北抗联第三军第五师政治部与第三团第二、三连合影

带领下，从兴京出发，向辽西挺进。由于准备工作做得比较充分，所以这次西征一开始进展十分顺利，在短短一个月的时间里，西征部队便已经过“饮马辽河边”了。但是，当西征的将士们来到了辽河东岸的时候，却再也无法继续西征了。天不作美，1936 年的冬天，按时下的说法，是个暖冬。辽河水不仅没封冻，天还下起了冬雨！由于敌人的封锁，一艘渡船也找不到。后面的追兵很快又上来了，因天气反常，队伍中也不断有人病倒。无奈，西征部队只好绕道返回清原、兴京抗日游击区。

两次西征，虽都未能达到目的，但由于西征部队插入了日伪统治的中心地区，又取得了不少胜利，扩大了中共及其领导的东北抗联的影响，鼓舞了群众的抗日热情。据说，当年在西征部队打过来的时候，那里群众都奔走相告："东山里的红军打过来了！"

那么，杨靖宇为什么坚决地西征呢？

一个战略家的长远目光，绝不是一般人能轻而易举领悟的。

打通东北与关内的抗日通道，避免自身陷入孤立无援的窘地。日本关东军在东北有七十万兵力，伪军更无法数得清。而抗联的队伍，最多的时候，全东北也就是五万兵力。事实也的确如此，1938 年后期，在敌人的疯狂围剿、封锁下，野无炊烟，路断行人，抗联一军陷入了内无粮草、外无救兵的困境。

1937 年七七事变全面抗战爆发后，杨靖宇仍然紧密部署西进计划，只可惜，又是天不作美，八月辽沈平原暴雨连连，辽河决口，淹没农田万余亩，西进再次受阻。而后，敌人更加紧了对抗联一军的封锁，再无西征的机会了。

东北抗联第一路军的两次西征，虽然先后失利，但却从战略上动摇了日本关东军对南满根据地的大讨伐，并在西征途中打击了日军，扩大了东北抗联的声威。正是在这个意义上，东北抗联三路大军先后发动的西征，不论胜败与否，都蕴藏着战略上的主动，蕴藏着苦斗中的光荣。

将军和军事家绝不是一个概念，你可能是一个将军，但你不敢说自己是军事家。

从七七事变后的全面抗战爆发到年底的几个月时间里，一路军进行较大规模的战斗三十三次，毙伤日伪军一千三百多人，俘敌一百二十余人。

1937年12月，经中共中央政治局通过，杨靖宇被确定为中共第七次全国代表大会筹备委员会委员。

风云突变

（33岁）

早在1936年4月，日本关东军司令部在所谓转变"治安"的幌子下，经过精心策划，制定了1936年4月至1939年3月的"满洲治安肃正计划"，妄图在三年内肃清共产党及其领导的抗日武装。实施了"治标"、"治本""思想工作"三位一体的恶毒政策。在军事上调集重兵对抗日部队进行疯狂的"围剿"；政治上建立"集团部落"，制造无人区割断抗日军民的血肉联系；思想上强化了警、特组织，实行更加残酷的法西斯统治。对粮、棉布、盐、火柴等生活必需品，实行"专卖""配给制”，每日三小时买卖，凡买东西的人都要受到监视和限制。

1938年初，杨靖宇带领军部和直属部队离开桓仁，向辑安老岭地区转移，准备与中共南满省委书记魏拯民所率领的第二军会合。2月中旬，部队进入了山峦叠嶂的老岭地区。当时，日伪当局正在加紧修建通辑铁路——一条专为掠夺东北物资和“围剿”抗联而修建的重要通道。修成以后，东可与朝鲜平壤至满浦铁路相接，北可与四平到梅河口的四梅线贯通。

针对日寇“以战养战”的政策，杨靖宇将一路军的作战方针确定为：分兵以扰乱其铁路站点，集中以破坏其重点筑路工程。

杨靖宇准备拿敌人正苦心修建的咽喉工程——老岭隧道开刀。

老岭隧道地处通化、辑安两县的交界处，由全长近4000米的两个隧道组成，是通辑铁路上最长的隧道。这里四面环山，又有日本人的重兵守卫，实为易守难攻之地。

3月12日，杨靖宇率领800精兵，到达通化大挠头沟集结。出发前得到情报，鬼子军事顾问小樾，于次日将乘铁甲车由通化出发，于下午3时到达果松车站短暂停留后，赶赴老岭视察隧道工程。杨靖宇立即派遣韩仁和、杨殿清带领100人，化装成日本兵，跑步前进，要赶在小樾之前占领车站。

3月13日，杨靖宇率七百精兵，分三路进发。下午3点，第一路部队到达了十一道沟的伐木场，解放了在那里作业的四百多名劳工。随后到达老岭，将隧道工地包围起来。黄昏时

◁ 抗联第一路军密营

分，杨靖宇派手枪队混入劳工收工队伍，利用劳工回工棚吃晚饭的时机，攻入工地区，关掉发电所大闸，使工地陷入黑暗之中。在与日寇有血海深仇的劳工带领下，冲进了拉有电网的老岭隧道工事柜（即办事机构），攻下了北口机枪阵地。这时，果松车站设伏的韩仁和的队伍，押着擒获的鬼子军事顾问小樾，乘着铁甲车，沿隧道专用铁道线也冲了进来。正列队迎接小樾的护卫营，毫无防范，被打得人仰马翻。

第二路部队也顺利攻占了十一道沟隧道工地发电所，破坏了发电设备。第三路部队依然成功地袭击了十二道沟物资供应仓库，将日军警备小队的漆千代松及铁路工地调度久保直左、门卫等人击毙。

至此，抗联部队全部占领了老岭隧道西口工地区仓库、工厂和工地。杨靖宇指挥大军打开了十栋大仓库和两栋炸药库、枪弹库，组织上千名被解放的劳工和战士们背着粮食、扛着弹药箱向十一道沟沟口撤走，随后留下一个排的战士，把所有的建筑材料及拿不走的物资都浇上了汽油烧毁并炸毁了隧道。鬼子惨淡经营一年多的隧道，化为废墟。

隧道工程的投资者、东亚土木会社总裁气急败坏地说："这是筑路史上最大的失败！"

5月11日，杨靖宇率领第一军同魏拯民率领的第二军，在辑安老岭胜利会师。在五道沟密营召开军政干部联席会议，是为第一次老岭会议。会议主要研究了今后游击活动的方向问题，第一军继续向辽西地区远征，第二军之第四师和第六师继续在通化地区开展游击活动，第五师在绥宁地区活动，并负责与吉东和北满的抗联部队联系。在人事上，鉴于王德泰已经牺牲，决定由魏拯民兼任第一路军副总司令。

两军会师后，第一路军的游击活动掀起了一个高潮。

6月12日，一军、二军联合行动，将有"皇军剿匪之花"之称的索旅（索景清，蒙古族人，大汉奸）先锋团六百多人，在蚊子沟南的家什房子予以全歼。缴获的枪支弹药，调整了军备，把大批老旧枪支换了下来，武装了农民自卫队。

6月14日，杨靖宇得到情报，日寇拟在通化成立东边道株式会社，正策划利用大栗子沟、七道沟铁石资源和铁厂子煤炭资源，在二道江设立制铁所炼铁，为此正加紧为东边道北部各矿铺设专用铁路。为了打击日寇对我东北地区的经济掠夺，杨靖宇将“满铁通辑线”上的五个工地作为袭击破坏的目标，展开了杨靖宇游击战术中的“破袭战”。

6月19日入夜，总参谋长杨俊衡带领一支精锐部队从土口子向南进发，佯攻鸭绿江边的日军飞机场，以牵制日伪军警备武装，使其不能出动北援。

杨靖宇、魏拯民指挥四个团六百名精锐部队，于夜间11时向攻击的五个目标出动:先切断敌人的通讯线路，而后发起总攻。杨靖宇指挥的部队，迅速攻下并炸毁了小青沟门之第十一号桥梁工地、“后弯”之第十二号桥梁工地和阳岔村南制造桥梁的“竹内丁场”。魏拯民指挥的部队，袭击了土口子日军警备队及隧道工事，突击了土口子伪警察分所及自卫团，摧毁了东亚土木公司土口子事务所，放火焚毁了目标上的所有建筑物。

6月20日，杨靖宇得到情报，日伪的救援部队，需要五天的时间才能到达，于是决定趁热打铁。6月24日入夜之后，杨靖宇又出动500名的精锐部队，采取强大攻势，再次袭击并破坏了土口子隧道工地现场和东岗桥梁工地，对辑安地区进行彻底的破坏。

破袭“满铁通辑线”的战斗，打乱了满铁筑路进度时间表，是东北抗日游击战争中进行破袭战的光辉典范。

面对敌人的封锁和大讨伐，杨靖宇不仅没有退缩，而是主动出击，给予敌人以重创，有力地配合了主战场的抗日斗争。正

▷ 抗日群众支援抗联战士的“油葫芦”

如毛泽东 1938 年 5 月发表的《抗日游击战争的战略问题》一文中指出的：“东三省的游击战争，在全国抗战未起以前当然不发生配合问题，但在抗战起来以后，配合的意义就明显的表现出来了。那里的游击队多打死一个敌兵，多消耗一个敌弹，多钳制一个敌兵使之不能入关南下，就算对整个抗战增加一份力量。至其给予整个敌军敌国以精神上的不利影响，给予整个我军和人民以精神上的良好影响，也是显而易见的。”

1938 年 7 月，传来了一个令人震惊的消息：在本溪的抗联第一军第一师师长程斌接受了由 2 月时投敌的一军参谋长安光勋带来的敌“长岛工作班”的劝降书，于 6 月 29 日，胁迫 114 名部下投敌叛变了！

形势相当严峻，程斌的叛变，第一师已经基本上瓦解了，整个第一路军的军事计划也被暴露了。

7月15日，杨靖宇、魏拯民于老岭五道沟北坡密营，召开了第二次老岭会议，重新研究制定了第一路军的游击活动计划，做出了两项重大决定：

其一是由于程斌的叛变，第一军第一师在本溪、桓仁、宽甸一带的游击区已经大部分丧失，辑安游击区失去了西南的屏障，成了敌人在通化地区的讨伐重点。因此决定改变原来的部署，取消第一军再一次进行西征的计划，除留一小部分部队在老岭山区进行游击，牵制敌人以外，所有部队东进北上，向金川县河里地区转移，依托长白山区同敌人展开斗争。

其二是撤销原东北抗联第一军和第二军的番号，在第一路军总司令部下，部队编成三个方面军和一个警卫旅。整编后，各部队分区作战。

这期间，日本关东军派出政治浪人樱片在游击区，散布“日本愿割让东边道地区归抗日联军独立管辖”的谣言，妄想诱降杨靖宇。

要打破这个恶毒的诱降阴谋，以稳定军心，最有效的方式就是：进攻，边转移边进攻。

杨靖宇决定先拿那个号称“皇军剿匪之花”的伪军混成旅开刀——彻底消灭之。

8月2日中午，索景清旅的主力四十二团在长冈的“石庙子”打尖，杨靖宇率领部队，以青纱帐做掩护，秘密行军至敌军周围，占领了有利地形，然后进行猛烈攻击。经过激战，击毙击伤敌人三百六十多名，俘虏六十多名。“皇军剿匪之花”从此枯萎。

杨靖宇用缴获的武器武装起来一支特殊的队伍——少年铁血队，被将军称为“抗联的未来”、“长白山火种”。

9月20日，杨靖宇率领一路军1400人的大兵团，整装待发，开始大规模的转移行动。准备经通化、临江县境，向金川河里山区开拔。

10月17日夜，部队趟过冰凉彻骨的浑江，向里岔沟进发。

岔沟分里岔沟和外岔沟，其东、西、北三面都是大山，沟里有一条小溪流向南面沟口外的浑江。那里偏僻荒凉、人迹稀疏，紧靠原始森林。部队在这里宿营、休整了一夜。

10月18日，天空出现一架鬼子的飞机，还撒下了劝降的传单。队伍的行踪肯定是暴露了，杨靖宇部署部队分别在三个较高的山包上驻扎，以备不测。当晚经侦察发现，敌人从各处调集了日伪军四个团约一万多人和警察队三千多人，兵力达一万四千人，从东、南、西三面包围过来，像蚂蚁一样密集，形成了八道包围圈。情况万分

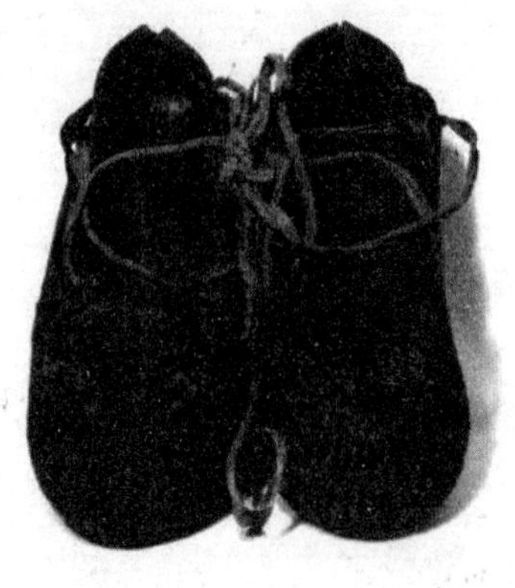

◁ 抗联战士穿过的靰鞡鞋

危急，杨靖宇与魏拯民立即开会，紧急磋商突围之策。经分析，认为西北方向地势险恶，敌人部署的兵力也较弱，决定向西北方向突围。

10月19日，敌军如蚂蚁一般披山盖岭地向上进攻，都被抗联战士击溃，敌军官兵死伤无数。战斗异常激烈，从上午一直到黄昏。夜幕降临后，敌人暂时停止了进攻，把山脚团团围了起来。夜里11点，杨靖宇开始组织大部队向西北方向突围。决定由特务连作向导，特务连连长会说日本话。突围部队一个接一个，离敌人越来越近了。杨靖宇令大家先停下来，由特务连先上去。敌人一看有人上来了，先开了几枪，枪一响，特务连连长就喊起日本话来，意思是：打什么？都是自己人。部分朝鲜族战士也喊起日本话，把敌人弄糊涂了，枪也不打了，越走越靠近。两个敌人凑上来看，特务连连长开枪打死一个，跑了一个。逃跑的敌人边跑边喊:“有红军，有……有红军……”他这一喊，敌人也乱了，四处乱打起来。抗联战士一边打一边往外冲，队伍全部冲出重围后，敌人还在乒乓乒乓乱打着。

队伍爬过了一个陡坡，经过了一大块长满野草、荆棘的荒甸子，又穿过一片很难站住脚的又陡又滑的大石砬子，经过一夜的急行军，终于到了一块平地。

太阳也像抗联队伍一样冲出崇山峻岭，升起来了。

岔沟突围，是一路军建军以来被迫进行大规模阵地战的首例，惊险无比。

10月25日，杨靖宇率领大部队到达金川凉水河子，在平岗密营同曹亚范的原二军会合。两天后，在此正式编成了第一方面军。任命曹亚范为第一方面军指挥兼政治委员，伊俊山为政治部主任，尹夏泰（后叛变）为参谋长。军下暂设一个团、一个独立营，共500兵力。

11月25日，杨靖宇在濛江南泊子二道花园口子营地，同朝鲜共产主义者金日成所部会师，双方讨论了抗日斗争的国际形势与当前任务，一致同意按老岭会议精神，将第六师与第四师一部整编为东北抗日联军第一路军第二方面军。

至此，按照第二次老岭会议精神，第一路军的三个方面军已经整编了两个。

岔沟突围的胜利，是一路军建军以来，被迫进行大规模阵地战的首例。这次突围的胜利，使抗联一路军的主力成功向东地转移到了长白山地区，依靠林海雪原，继续开展游击斗争，打击日寇。

2005 年，抗战胜利 60 周年之际，吉林省档案馆工作人员在开发馆藏日伪时期档案资料信息时，发现了一组 1938 年 9 月 26 日至 10 月 19 日侵华日军在吉林省临江县岔沟地区围剿抗日英雄杨靖宇将军领导的抗联第一军的作战要图。这组十万分之一的作战图共计三张，每张图上都用红色标明杨靖宇率领部队的行动路线、时间、战斗情况、兵力人数和突围的一些注解；用黑色标明了日伪军参战部队名称、追踪堵截和承担的任务等情况。从反面印证了岔沟突围战的真实性。

△ 杨靖宇从事地下工作时用过的褥子

艰苦卓绝

☆☆☆☆☆

（34岁）

1939年抗日战争进入相持阶段，对战斗在敌人心脏地带的东北抗联将士们来说，斗争环境越来越艰苦了。

已经与党中央失去联系很久了的东北抗日联军，在年初，惊喜地收到了中共中央在延安于1938年11月5日给他们发来的致敬电，令将士们欢欣鼓舞。

东北抗日联军杨司令转：

东北抗日联军的长官们，兵士们，政治工作员们！

我们代表中国共产党全体党员及共产党所领导下的抗日军队与游击队，向沦陷在敌人统治下已七年多的东北同胞们，在冰天雪地与敌人周旋七年多的不怕困苦艰难奋斗之模范的东北抗日军队，表示最深刻的同情，并向你们致最崇高的民族革命敬礼！

1939 年 2 月 17 日，南满省委与第一路军总司令部召开了高干会议。在这次会议上，将原第二军第四、第五师初步合编为第三方面军，陈翰章任总指挥兼政治委员，侯国忠为副总指挥，朴得范为参谋长。下设三个团，一个警卫营，全军 550 人。随后各方面军的领导纷纷启程返回各自的驻地。至此，按照第二次老岭会议精神，第一路军的三个方面军都整编完成。

三个方面军整编基本完成后，杨靖宇率部于 3 月中旬，成功地攻袭了木箕河林场及其周围各据点，击毙伪森警队长李海山和护场日军二十余名，俘虏伪森警一百余名，缴获机枪三挺、步枪一百多支及其他大量物资，补充了自己，同时解放劳工千余人，其中有二百余人参加了抗联部队。此后又于 4 月 7 日，袭击了敦化县大蒲柴河日伪军据点，击毙日警尉藤田一夫以下二十余人，俘敌二百余人，并打开军用仓库，缴获枪支和弹药。

1939 年，抗联一路军战斗积极、频繁。据敌人统计，战斗次数为 540 次，其中抗联主动出击占百分之六十以上，使伪满洲国，处处起火，路路冒烟。

入秋以后，南满地区抗日形势更加险恶。日本侵略者对于受到抗联一路军的强有力牵制一事，切齿痛恨，欲举全国之力，剿杀杨靖宇。日寇还专门针对抗联一路军，制定了两项毒辣的讨伐计划。

一是成立了以日本关东军第六六九部队长野副昌德为司令官的联合“讨伐”司令部，纠集七万五千人的兵力，发动了伪通化、间岛、吉林“三省联合大讨伐”，即“野副大讨伐”。调重兵占据辑安、临江、濛江、抚松、桦甸、延吉等大小城镇和山村据点，派大批日伪军警特封锁游击区。对抗联分割包围，采用所谓“篦梳式”、“踩踏式”的堵击、长追、奇袭等战术，分区“拉网”和轮番“扫荡”。

“野副大讨伐”使东、南满地区抗日斗争形势日趋恶化，第一路军的游击区域不断缩小。为了保存实力，避免遭到歼灭性打击，杨靖宇将第一路军各部化整为零，编成多股小部队，分散在长白山区的濛江、抚松、金川、辉南、桦甸、敦化、和龙、临江、辑安等地与敌进行周旋转战。

二是小鬼子用中国古代兵法中“擒贼先擒王”的原则，成立了四支专门针对杨靖宇的讨伐队：富森工作队、程斌挺进队、唐（振东）挺进队、地方工作班。 其作战原则是：同时遇上“土匪”（山林队）和抗联，专打抗联；同时遇见杨靖宇部队和其他抗联部队，专打杨靖宇。

为了抓住杨靖宇，这些“工作班”和“挺进

队”个个都使出了毒辣招法。一是按区域在飞机配合下,采取“陆空呼应”、“踩踏战法”进行联合围剿；二是跨区域，采取“狗虱子战术”死死盯住，穷追不舍。三是更毒辣的“招降宣抚法”，一改过去对被俘人员一律处死的方法，而是千方百计地进行诱降，妄图瓦解抗联队伍。以上四支讨伐队的人员组成，大多都是由叛徒组成，他们熟悉杨靖宇抗联部队的行动规律，一旦被盯上，甩掉很困难。

入冬后，抗联将士们的境遇变得更加险恶了。一位抗联老战士回忆说：“天寒地冻，无衣无食，有时赤足在雪地上行军，空腹与顽敌搏斗。吃一顿最好的美餐是雪水煮包米粒子，常常是渴了就抓把雪，饿了吃点草根或树皮，有时实在饿得难受就吃蜂腊，吃得脸都肿了。至于油盐酱菜，我们连想都不敢想。有时敌人跟踪追击，常常是几天几夜不吃不睡。有多少战友倒下了就再也起不来了……”

这时，有些人主张将队伍转移到苏联，等形势好转后再回来。也有些人主张把总司令部转移到长白山深山里去。这些主张都遭到了杨靖宇将军的批驳：

“没有党中央的命令，我不能擅自作主张向苏联转移。让我到长白山‘猫起来’，还叫什么抗日呢？我是三个方面军的统帅，就应该亲临前线，指挥三个方面军同敌人浴血奋战。”

12 月 20 日，正在那尔轰密营开会的一路军将领们，得到一个更加雪上加霜的消息：警卫一团参谋丁守龙被俘叛变投敌。

这个叛徒知道杨靖宇将军的许多密营所在地和地下联络网，还知道总部粮食、弹药、被服等后勤补给线的秘密储藏地！

此时，叛徒丁守龙正带着日伪军1500人，朝密营搜索而来。

更糟糕的是，敌人在那尔轰至桦甸的讨伐线上，已布置了两万多兵力。

情况万分危机，杨靖宇当机立断，让各路人马按原路突围，撤回到原根据地。自己留下总部人马，从正面牵制敌人，掩护各方面军突围。

三个方面军的指挥员都纷纷争着要求自己留下来掩护突围。

杨靖宇解释说："不，还是我留下来。理由很简单，丁守龙这次投敌，一定向其主子告密，

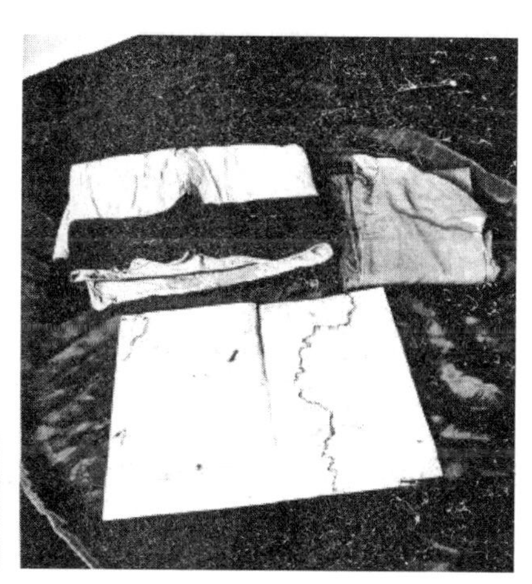

▷ 杨靖宇在东北抗日联军指挥作战时用过的地图和穿过的衣服

说那尔轰周围集结着抗日联军第一路军两千多人的队伍。敌人必定从我们的游击区域里抽调兵力向这里不断增兵。此时你们突围出去，因为事先有准备，按原路撤回游击根据地，对坚持敌后抗战有利。我是同敌人对阵的主要目标，敌人有重金悬赏，因而我的吸引力大，掩护大家突围最合适！”

在危急时刻，总司令杨靖宇毅然担起了保护抗联一路军的重担。

杨靖宇部署各路撤离后，立即率领所部400人奔赴东南岔水河的岗上埋伏，以阻截敌人的追讨。

12月21日，敌人调动当地的兵力向东南岔进攻。同时，得到消息的讨伐司令官野副昌德，派来日军四个大队和通化省八个县的伪警察大队，不分昼夜地开往濛江那尔轰地区。同时派出四架侦察机，疯狂向抗联一路军的阵地扫射。敌人借助空袭的火力，开始梯队式轮番进攻。杨靖宇利用地形，部署所部轮流作战与休整，同敌人展开了殊死搏斗。

战斗持续了两天两夜，到12月23日夜晚，得到情报说，一、二、三方面军已安全突围。杨靖宇观察到对面山岗上的烤火的敌人，人数并不多。猜测出敌人正在分兵准备夜袭。杨靖宇心生一计，指挥部队也在阵地上燃起了一溜溜篝火，先是围着火堆假装烤火，而后指挥各部秘密摸上敌人防守比较薄弱的阵地，一阵冲杀，突出了重围。夜袭上来的敌人，向“烤火”的红军猛烈射击后，一个也不倒，发现竟是木头人。

当年杨靖宇的警卫员王传圣（解放后曾任哈尔滨市木材公司副经理）回忆说：

“杨靖宇率抗联战士在濛江一带牵制日军一两万人，当时每天都有敌人飞机擦着树梢侦察轰炸，撒传单诱降。几乎天天和敌人打仗。这时抗联的生活极其艰苦，一次我去找徐哲（时任第一路军总部军医处长，后为朝鲜人民军大将）同志建议说，目前敌人这么多，围剿又这么紧，是否叫大队长（杨靖宇曾组织‘干险队’潜伏进日寇占领区去伏击。定下代号，称军部为“大队部”，称军长为‘大队长’）抽出二十几个同志暂时离开这里，隐蔽起来。徐哲把我的话转给杨司令后，结果叫杨司令把我好一顿批评。他说：叫我离开这里，这是动摇。在这个时候这里我走能行吗？离开这里就是逃跑。我们要战斗在一起。”

杨靖宇巧布木头兵，成功突围，也使抗联一路军的大部队安全转移。一方面是将军的机智果敢和抗联将士的英勇无畏所致，另一方面，从各处来增援的野副讨伐大队没能及时赶到。由于事发突然，一向每战必做详细计划的杨靖宇，此战也不得不匆忙应战。

然而，敌人专门针对杨靖宇实施的讨伐，也

越来越穷凶极恶。此时的杨靖宇已经陷入了敌人的重重包围之中。

10月28日，杨靖宇突围后，带上了特卫排，便赶往红石砬子与魏拯民副总司令会面，在那里召开了南满省委常委扩大会议和高级将领联席会议，做出了“化整为零，开展小部队活动”的决定。

铁血丹心

（35岁）

以下文字，笔者通过参阅众多史料，记录了铁血将军杨靖宇最伟大最令人扼腕的最后战斗历程。让我们寻着英雄的足迹，去切齿凶残的侵略者，去蔑视可耻的叛徒，去领略英雄的伟岸……

1940年1月1日，冰雪覆盖的濛江山区，寒风凛冽。杨靖宇率领本部400人的队伍，顶着凛冽的寒风，急急行军，向濛江一号桥附近进发。

此次行动的目的有三个：补充弹药，补充粮草，传达红石砬子会议决定。

第一个目的很快实现了。1月2日，伪军的一个120人的先头部队到达了濛江一号桥，钻进了杨靖宇设下的埋伏圈。战斗5分钟就结束了，敌人被全部缴了械。随后，部队迅速转移到了五斤顶子。

而沿途的补给线，全被丁守龙带领鬼子给破坏了。吃的没了，和群众也失去了联系，形势十分严峻。此次行动的第二个目标怎么实现呢？杨

▽ 1940年2月22日杨靖宇殉国前夜住过的“地戗子”

靖宇摊开了地图，琢磨着挺进的方向。

1月6日，队伍抵达濛江西北的上营子，正打算联络韩仁和部联系补给，又遭遇到了日军有马巡逻队。激战20分钟，毙伤敌人十多名后，立即隐入山林撤退。饥寒交迫的队伍，继续恋战就有覆灭的危险。队伍到了青河密营，总算找到了后方部队给准备的粮食，每人分到了十多穗包米棒子，立刻搓粒装背包。包米粒子煮雪水，这已经是相当不错的食物了。

杨靖宇派黄海峰率部前往辉南石道河子、王小沟大顶子一带联络警卫旅第三团和第一方面军第一团，并约定在“五九”头两天，到马屁股山与总部会合，以便传达红石砬子会议决定。

杨靖宇率200人向三道濛江小锉草顶子挺进，与事先约好的韩仁和碰头。补充了给养，交换了敌情。了解到由日本关东军古见部队长和伪通化省岸谷警察本部督阵，正从两面夹击而来。杨靖宇非常镇静，率部先后转移到了红河半砬山、五里河大顶，到达了榆树岔大顶。但是，途中遭遇到了多股敌人和敌机的袭击，部队开始有了伤亡。

1月28日，是令杨靖宇司令最悲伤的一天。这天，队伍就要到达预约会师地马屁股山时，严冬的山谷里突然起了罕见的大雾，能见度只有十步远。先头部队在迷雾中开了火，因为部队已经陷入了敌人的阵营之中。杨靖宇马上指挥部队向山顶冲。激战中，伤亡惨重，二百多人的队伍，只剩下了八十多人。大雾在快中午的时候散开后，杨靖宇的身边只剩少年铁血队和特卫

▷ 杨靖宇殉国地——濛江县（今吉林省靖宇县）

排的队伍了。山下四周是鬼子的有马大队、叛徒程斌大队、唐振东大队、叛徒崔胄峰大队，正虎视眈眈地等待着进攻时机。杨靖宇强忍悲痛，叫来四连副连长马青山，嘱咐他带23名伤员，立刻转移到小石仓子沟养伤。马青山不忍心离开总司令，要求留下来。杨靖宇劝他说："在这种危难时刻，我们领导者的责任，就是带好部队，保护好战士！眼下前有伏兵后有追兵，不把伤员转移出去怎么行呢？"

随后，杨靖宇紧急召开连级以上干部会议，部署他们，在各部首长没来接头之前，做好翌日凌晨的北向撤离准备。

此时此刻的杨靖宇总司令，时时刻刻牵挂的依然是全军将士的安全。

1月30日凌晨，杨靖宇率领六十多人，经桦甸乱泥沟，向南横越桦濛公路，于31日转移到濛江的东双丫子山。这天，火线任命的少年铁血队指导员王传圣，中了敌机的袭击，右小腿骨被打折，不能再指挥作战了，杨靖宇将他安排在东双丫子山西坡养伤。

傍晚，部队又向东到三角卧石宿营。杨靖宇指派直属机枪连指导员宫明义，回马屁股山接回在那里做联络工作的18名机枪连战士归队。指派特卫排排长张秀峰回东双丫子山西坡接在那里养伤的王传圣，去后方医院养伤。并嘱咐带上帮手，后半夜1点出发。张秀峰要带少年铁血队的董春林，并主张“顾活的要紧”。杨靖宇严厉地批评了他，又叮嘱说：“你是王传圣的入党介绍人，办这件事要善始善终啊！”

2月1日早晨，杨靖宇派陈副连长把守五斤顶子主峰，高玉信队长把守第二个顶子。自己亲率两个排去老虎洞，为徐哲、朴成哲带的19个伤员送行。约定将伤员送往两江口后方医院安置后，二人返回五斤顶子时，在淌石砬子接头。路上巧遇总部参谋李兴绍的联络员，报告说李兴绍率领警卫旅第三团二百多人，在蝲蛄夹南山等待与总部会合。

杨靖宇下令各部准备向板石河进发，整队时，发现外号“小吵吵”的队员董春林并没有与张秀峰一起去。杨靖宇问身边的警卫员黄生发：“你昨夜值班见张秀峰带谁走的？”黄生发回答：“就他一个人。”总司令又问：“二十响的大镜面匣子还在你那儿吗？”黄生发就将肩上挎的大镜面匣子拍打一下说：“在这儿！”

杨总司令的大镜面匣枪一直由张秀峰保管，昨晚总司令却让黄生发擦枪。张秀峰心里未敢索取擦拭完了的匣枪，又未带队员董春林同行，这些迹象表明张秀峰有了问题。

果不其然，张秀峰、宫明义出发后，没有去执行任务，而是半道开溜，当了可耻的叛徒。

张秀峰 15 岁参加抗联，一直在杨靖宇身边，由将军带大，与将军情同手足，亲如父子。他出于什么动机去投敌？真令人难以理解。怕死？图富贵？是个谜团。

据森崎实著《东边道》一书记载，当时的情况是这样的：

“使他（指杨靖宇将军）这样脆弱下去的，是 2 月 1 日濛江西部高地的追击遭遇战，杨匪因此受到彻底的打击。担任其警卫队机关枪队长的张秀凤（张秀峰），该日竟至携现金 9960 元、手枪四支及机密文件多件投降了讨伐队。张自 15 岁起为杨抚育成人，是一个得力的部下，集杨之信任于一身。”

得到张秀峰投降消息的驻濛江县城的日酋岸

谷隆一郎，随后派兵层层包围了五斤顶子。

杨靖宇躲过这一劫。此时（2月2日）杨靖宇率部同李兴绍部及随后赶到的曹亚范部，在蝲蛄夹约定地会合了。三人进行了紧急磋商，杨靖宇传达了红石砬子会议精神，指示将现有部队由大化小，每队不超过30至40人为宜，召之即来，挥之即去，相互支援，保存实力。最后规定了联络办法，春节后，阴历正月“逢五”“逢九”，派联络员到一撮毛山、七个顶子楞场，同总部联络员接头。

2月4日一早，三人率部出发，经过板石河口时，同搜索五斤顶子下来的日伪军遭遇。曹亚范派出一个中队抢占高地，掩护各部人马分路撤走。

杨靖宇率部回到杨树沟上隐蔽起来，部队已断了隔夜粮。杨靖宇派陈连长带15人前往马家店的小西北岔，去背贮藏粮。2月5日凌晨，又命于伦带6人小分队带两挺机枪，去打新开河的伪森林警察小队的据点弄点粮食。自己带领陈连长所部35人（包括五六名伤员），去五斤顶子淌石砬子，同护送伤员回来的徐哲处长（军医处）接头，并将35人分兵给他。

天刚蒙蒙亮，各组的行动任务都顺利完成了，杨靖宇也赶了回来。这时，突然发现了敌人布下的监视岗哨。杨靖宇立即命于伦带6人在前头开路，抢占南方高地，架机枪掩护背粮队。杨靖宇带队向那尔轰方向撤，没走多远，同日军的大原大队、小浜特遣队、伪警察桑大队遭遇。交战十多分钟，立即退了回

△ 杨靖宇牺牲时携带的武器弹药、地图、印章

来，转向杨树沟方向撤。这时于伦小分队没有跟上来，杨靖宇利用“雪窝子”作掩护，派人回去联络小分队，到天黑也没联络上，部队减员很大，最后退到大青沟。

2月6日(腊月二十九)，杨靖宇带领大家，在向三道濛江进发的途中，又与伪警察程大队、崔大队、唐大队遭遇，只得在没腰深雪中，边作战边奋力突围。天黑时撤到了大青沟木场北侧山上。由于在新开河撤走时将帐篷、火炉全都清了去，此刻宿营，只好打“雪垒”。在宿营地两侧，多放了两个哨卡加强警戒。半夜时降了一场小雪，杨靖宇高兴地说：“这雪下得好！感谢老天替我们埋了脚溜子。”

2月7日(大年除夕)一清早，杨靖宇看清了周围情况，宿营地南边是一个大木场。杨靖宇说："我们打算隐蔽在这里休整几天，但大过年的，不吃好的，也不能叫饭断了顿，让同志们饿着肚子过年哪！"最后指示小黄和刘福泰(司务长)去弄点干粮给大家充充饥。

黄生发、刘福泰向进山的"伐木帮"讨干粮时，遇到背粮队的机枪副射手吴永福和战士孙九号要求归队。杨靖宇审慎地查问了归队者的穿戴、武器及个人态度后，同意二人归队。

当晚，为了安全起见，又转到红石砬子山林宿营。夜里，杨靖宇由于连日行军作战，又患了重感冒，身体十分疲惫。黄生发给他煮了一罐头盒子包米汤，喝下之后，杨靖宇躺在树柯子与干草搭成的铺上，沉沉地睡去了。

2月8日，用过早饭，杨靖宇即派归队的吴永福和孙九号两名队员去取粮。这时，从会合徐哲那里跟来的第二路军交通员老李，来见杨靖宇。他是带着抗日联军第二路军总指挥周保中于12月20日写的亲笔信过来接头的。信中介绍了抗联第二路军及北满地区斗争情况，并建议一路军在环境极端艰苦、斗争实在难以坚持下去的情况下北撤，与二路军会合，背依黑龙江和苏联，保存实力，以图再战。杨靖宇表示："第一路军要同东边道的父老兄弟们一起，坚持到胜利的那一天！"而后送交通员老李返回吉东去传递第一路军的消息。

取粮回返的两位队员，因途中积雪太深走不动，二人便借"木帮"拉吊子的牛爬犁往回赶，被警戒的伪"森警"发现了，二人又跟"木帮"换了马爬犁加速朝回赶。吴太福被追踪的伪"森警”开枪把腿打折了。孙九号急忙拉上吴永福，打马飞奔。但“森警”穷追不舍，孙九号为不暴露总部驻地，只好中途跳下爬犁绕道回来报信。

这时，敌人的追兵已经跟上来了，杨靖宇说：“快进老林子。”说完，从腰间抽出两只匣枪，双手向追敌开火。黄生发、朱文范、聂东华紧随杨靖宇，保护着他退入老林子。正寻找好的地势做狙击时，发现敌人是带着机枪兜上来的，这说明吴永福被俘后漏了底。杨靖宇当下命令“散开！突围！”等黄生发、朱文范完成掩护任务，沿着脚印寻找总司令会合时，找了几排林子也没有找到，却意外发现胯骨负重伤的第二路军交通员老李。黄生发和朱文范就搀扶他走，当老李知道他们与杨总司令失去联系时，坚持让他俩赶紧去找总司令。

在黄生发和朱文范正焦急地寻找时，杨靖宇神奇般地出现了，问道：“后面还有人吗？”黄生发报告了交通员老李的负伤情况，杨靖宇说：“别光顾我一个，怎么把他丢下了呢？快去找人。”朱文范同另一名回去找交通员老李，黄生发拣来一些干枝升起火堆。只能取暖，一点吃的也没有。大伙一天没吃饭，饿得不行。站在杨靖宇身边的黄生发，呆立了半晌，最后下决心把特意留给总司令的一小块包米饼子干儿，拿出来递给杨总司令说："烤烤吃吧。"杨靖宇没有去接，却令黄生发把包米饼子干掰碎，煮汤给大家喝来暖和身子。汤煮好了时，朱文范他们也把负伤的交通员老李背了回来。杨总司令此时查点了一下人数，身边还有 21 个人。叫黄生发拿出一把朝鲜族使用的铜羹匙，让大伙轮流着喝汤。借着火光，杨靖宇挨个瞧瞧每个战士的脸，满怀信心地鼓舞大家说："别泄气，敌人是胜不了我们的！"

2 月 9 日,黄生发以抗日联军战士执行任务"麻搭山 (迷路)"了，站在上山拉吊子的路边讨饭，转眼之间，讨到几十斤干粮。又向一位木把买了一只铁筒当做饭锅使用，还从一位伐木工那里买了一件羊皮袄，准备留给患了重感冒的杨总司令夜间御寒用。总司令的皮大衣，在突围时来不及带走丢失在宿营地了。

当黄生发带着这一堆东西，回来给大家分食时，杨靖宇发现黄生发拎着一件羊皮袄，当时就把脸沉了下来问："哪儿弄来的？"黄生发如实说："买来的。"他将详细经过说明，申明不是抢来的。大伙也帮着黄生发说话，杨靖宇难违众人之意，把羊皮袄披在了身上。

天黑之后，交通员老李一再说，伤很重不宜随队行军。杨靖宇便让人给他搭个小棚子，并留下一人看护。又把讨来吃剩的干粮全部留给了他，并把羊皮袄也留下给老李穿。让他坚持几天，待联络上部队，就派人来接他。

刚出发不久，侦察员追了上来报告：已同地下关系高升取得联系，他同意临时安置八名战士去楞木场休息。杨靖宇见还有六名伤病员，便命司务长刘福泰跟去照料，趁夜间随侦察员去找高升安排。余下十一个人，跟随总司令转移。令杨靖宇烦恼的是，再次派出做联络的路振范、武连升始终没回来。

2月10日，趁早晨能见度好，杨靖宇架起望远镜，看到了大青沟西南的马架子屯，心情非常激动地说："这回我可以给大家当个好向导了！"于是决定到马架子屯附近埋伏，伺机牵走敌方兽医给骡子群打火印而发毛的骡子。朱文范、聂东华自报奋勇，顺利地牵回来一匹逃逸林中的骡子杀了吃肉。人饿极了的时候，不顾生熟了，都狼吞虎咽吃起来。不久，多日不见油水的战士们，开始拉肚子了，却又没有药来治。不管怎么说，过年了，总算吃上肉了。

杨靖宇准备初五离开大青沟向南转移，于是派人去将住在木楞场的伤病员接出来一起走。不幸，因返回途中遭遇敌人，只有刘福泰一人脱险回来。

2月11日，三架敌机在空中盘旋侦察，指挥地面讨伐队上来搜索。黄生发、朱文范在掩护部队转移时负了轻伤，杨靖宇马上让人给他们二人包扎好,“掐”一丁点儿大烟土给他们吃了止痛。而后率大家，一鼓作气地突围到南天门的后双山子。

此时在杨靖宇的身边，只有六个人了!

黄生发递过来一张纸，杨靖宇接过来一看，是从敌机投下来的《野副讨伐司令部讨伐旬报》(第13号)。杨靖宇借着雪地反射的微弱光线，见上面刊登着2月1日至10日敌人的战绩，记录着张秀峰(张秀凤)、吕苏恩、高桃伸(高玉信)、于伦、路振范、武连生等人的投敌时间和地点，这才弄明白自己所率部队屡遭敌人围袭的原因，都是叛徒告密所致。

杨靖宇看罢,在林中雪地踱了许久,然后停了下来对大家说:“看来这几天情势更严峻了，我们七个人，最好分开走。”大伙一听都表示:“我们决不离开总司令”,“活,活在一起;死,死也死在一块”。杨靖宇解释道:“多活一个人,革命就多一份力量!”正说到这里，就听见敌人叫喊着搜索了上来。杨靖宇立刻指挥大家利用地形地物隐蔽起来，待敌人散兵线拉过去了,大家才出来。

杨靖宇继续说:“我们还是分开走好。能出去一个也好!当然这不是个人逃命，而是要担负起联络的责任!”

最后，命令黄生发:“你带刘福泰、孙九号、好赛盖(洪瑞泰,朝鲜语，意谓“虎羔子”)往回走，去找关系住下来养伤。我带朱文范、聂东华去联络部队。”说完，杨总司令从笔记本上撕下一页早已写好的纸条，交给黄生发，指示他去桦甸水舀子沟密营找陈政委，让他派联络员来濛江西泊子联络。最后叮嘱他说:“顺路把第二路军交通员老李接走，送到后方医院去养伤。”

黄生发临走时，把他在突围时捡到的一块包米饼子交给朱文范，并叮嘱他 :“你可要好好地照顾大队长啊 !”

2 月 12 日 (正月初五)，正是约定到联络点接头的日子。

凌晨，杨靖宇和朱文范、聂东华趟着雪路向板石河口方向挺进。这时，敌机呼啸着飞过来扫射，接着是连续不断的炮击，随后敌人的散兵线包抄上来。杨靖宇熟悉这一带的地形，利用岗顶上山口的穿山风“滚烟雪”作掩护，像坐滑梯似的飞出了敌人的搜索圈。敌人惊呼“杨靖宇飞了 !”

然而，还是错过了到板石河口接头的时间，只好再赶下一个“逢九”的日子了。

2 月 16 日，太阳卡山时，三人终于摆脱了敌人的包抄，到了蝲蛄夹南山林中高地。杨靖宇叫

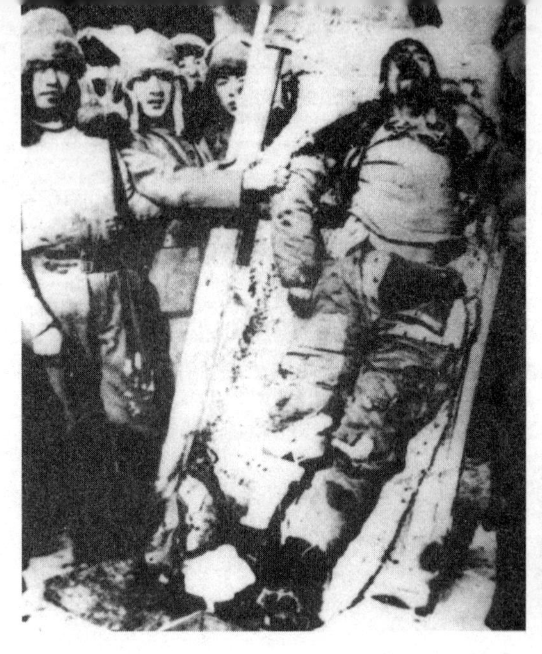

◁ 杨靖宇将军遗体。杨靖宇将军殉国后，日军为解开杨靖宇将军赖以维持生命之谜，将他腹部剖开，发现腹内没有一粒粮食，全是草根、树皮和棉絮。

朱文范拿出黄生发留下的包米饼子，一掰两半递给朱文范、聂东华各一半说："你俩今天晚上有任务，必须吃下去，好有力气去完成任务。"杨靖宇的脾气，他俩是知道的，只好遵从命令。

杨靖宇从挎包口抽出一枝从双山子采撷的映山红枝条，望着枝条上生出来的芝麻粒大小的芽苞，对朱、聂二人说："瞧啊，春天又快到来了！等到那时树叶一关门，长白山哪，就属我们抗日联军的喽！"随后布置朱、聂两名战士，趁天黑摸到附近屯子里去找关系弄粮食。约定好正晌时，在大王山东方林中小山包后面会合。

朱、聂二人走后，杨总司令掩埋好二人的脚蹓子，然后拾了些干柴，准备夜间点篝火取取暖。他此刻饥肠辘辘，头晕目眩，扶着松树慢慢坐在干柴上，眼睛四处踅摸有什么能吃的东西。但见白雪皑皑，只得撕开袖口，拽下一块棉絮，搓成一个个小棉球，蘸着洁白的雪花，强迫着自己一口口往下咽。

接近黄昏时分，雪地咯吱咯吱的响动，划破了雪原的寂静。杨靖宇隐约地看到山下上来一股敌人，从熟悉的动作看，领头的是那个当了伪警察大队长的崔胄峰。杨靖宇纵身跃起，迅速抢占了山头有利地形。双方一交火，敌人就被杨靖宇的大镜面二十响的匣枪子弹压制在雪窝子里不敢探出头来。伪警察大队的日副大队长伊藤，用生硬的中国话说："你跑的不行，投降吧，大官的给！"杨靖宇用诱敌的话语说："好啊！条件是马上停止射击，你一个人上来接收吧。"伊藤信以为真，说："好！我的马上去！"就在伊藤的上身刚探出雪窝子的瞬间，杨靖宇的枪喷出了仇恨的火舌，将他打了个"前趴"。走狗崔胄峰和四五个小走狗扑了上来。杨靖宇一枪就把崔胄峰打了个"倒仰壳"，其他几个走狗也都被挨个点倒了。杨靖宇的左手也挂了彩，敌人一窝蜂地拥了上来。杨靖宇机敏地在树间穿插，借着暗淡的天光，隐没在密林中。

六百多名敌人，展开了拉大网式搜索。天很快黑了下来，日酋岸谷隆一郎、抚松县伪警察大队长唐振东、叛徒程斌从队尾赶了过来。他们没带手电筒，便下令将每个敌兵的火柴集中起来，一根接一根划着照亮，沿着雪地上的血迹，缓慢地向前追踪。

日酋岸谷下了死命令:“就是剩下最后一个人，也要追上前去!”

搜索从16日的黄昏持续到17日的凌晨，六百多人的讨伐队伍，被杨靖宇拖得疲惫不堪，如同得了瘟疫般,栽倒了一大半,僵卧在雪窝子里，死活也追不动了。最后，剩下不足五十人的散兵，像喝醉了一般，趔趄着往前走。手里的火柴也都“划”尽了，雪地上的足迹、血痕也寻不见了。

此时，杨靖宇早已沿着伪警察队留下的宽宽的脚溜子，在前半夜就返回了约定的会合地点，

▽ 杨靖宇将军殉难后，日军在杨靖宇殉难地立墓标，以表达所谓“敬佩”之意。

和朱文范、聂东华聚到了一起，升起篝火，吃上了从附近屯子弄来的粮食。

2月19日，杨靖宇带上小朱、小聂向濛江城东面转移。杨靖宇派朱、聂二人到大东沟苕条顶子炭窑，去联络烧炭窑的老赵头,要他帮助买点吃的穿的。没想到,此时的老赵头已当上“特搜班”的密侦，他将两个小战士给出卖了。当敌人包抄上来时，朱文范、聂东华交替着掩护撤退，不幸遭敌夹击而英勇牺牲。

2月22日(元宵节)，杨靖宇只身转移到濛江县城西南6公里处保安村三道崴子。又冷又饿的杨靖宇将军，鼻子和脸已有数处冻伤，身上的衣服，被树枝撕得稀烂。此刻，杨靖宇将军自2月18日以来，又一次一连五天没吃到一粒粮食了。吃的是草根、树皮、棉絮拌白雪。

他找到一个地戗子，作为休息隐身之所。

在这个中国传统的本应灯火辉煌的元宵夜，杨靖宇将军度过了人生的最后一夜。

杨靖宇将军利用斜坡一片赤松做掩护，在地戗子里耐心地等待着。终于等来了四个农民。

2月23日上午，保安村四名去打柴的农民赵延喜、孙长春、辛顺礼、迟德顺，在三道崴子遇到了杨靖宇。杨靖宇向他们宣传了抗日救国的道理，并请他们回村购买粮食和衣服。四人应允后，先后回村。赵延喜在途中遇到了特务腿子李正新。李正新见赵延喜提前回村，起了疑心。连哄带吓，赵延喜说了实情。

李正新立刻报告给濛江县公署警务科科长王士洪，王很快又报告给日酋岸谷隆一郎。

当日下午1时许，敌人先后派出了五批讨伐队进山围剿。第一批21人，第二批25人，第三批9人，第四批100多人，第五批30多人。

下午3时50分，敌人陆续到达三道崴子，分成两队搜索包抄。杨靖宇将军临危不惧，沉着应战，双手握枪，边打边撤，最后在河边的一棵大树后隐蔽起来。

起初，敌人梦想活捉杨靖宇，命令不许开枪。他们让叛徒尹夏泰、张奚若、王佐华等向杨靖宇将军劝降。得到的回答，是杨靖宇将军的双枪射向敌人的子弹。

担任现场指挥的伪通化省警务厅特务科长、日本警佐西谷下达了“干掉他”的命令。讨伐队开始猛烈射击，交战20分钟后，杨靖宇将军的左手中弹，将军仍然用右手握枪还击。一发子弹，打过来，将军胸膛中弹，他那高大、魁梧的身躯如同山崩倒在大树旁。

1940年2月23日，下午4时30分，杨靖宇将军壮烈殉国。

群山低首，万木悲鸣。

敌人摘下地戗子门板当排子，把杨靖宇将军的遗体运到濛江县城。第二天又令叛徒张奚若、白万仁用铡刀铡下了将军那颗高昂不屈的头颅。当晚又在濛江县民众医院进行腹部解剖。解剖医生在胃肠中找到的是：尚未消化的树皮、草根和棉絮，一粒粮食也没有！解剖主刀的医生竟将手术刀惊落在地！在场的日酋古见政八郎、岸谷隆一郎等，个个大惊失色。

1940 年 3 月 15 日，东北抗日联军第一路军副总司令魏拯民在桦甸县头道溜河，主持了一路军将士追悼杨靖宇总司令大会。魏拯民悲壮地致悼词说：

靖宇同志生前没有完成的事业要由我们来完成。到革命胜利那一天，我们每一个人都要无愧于心地在靖宇墓前说：杨靖宇同志，我们在你之后，做了我们应该做的事。

后 记

英雄的故事永远不会结束

2010年元旦的钟声敲响了，一个新千年的首个十年，在祥和中落幕了。

新年的东北迎来了久违的“寒冷”，雪下得格外的厚，温度比往年低多了。我在温暖如春的家，敲点着电脑键盘，叙述着70年前杨靖宇将军最后的历程：

零下40度的严寒，茫茫林海，树皮，棉絮，草根，疯狂的鬼子，无耻的叛徒，更有将军双手紧握的枪……

《铁血将军杨靖宇》的故事，似乎讲完了。

可我的心中总觉得有什么东西还没说完，还没说尽，甚至还没说……

英雄的故事在这里是真的讲不完，也无须讲完。留下些余韵给我或更多的人继续探询，岂不是更绵远些？

每个人的生命迟早都会画上句号，英雄也不例外。而永远不会结束的，是英雄的精神。

我要说的是，杨靖宇将军的精神还在继续战斗着。他给予敌人以精神的重击的程度，甚至远远大于战场上的打击。而他给予普通民众的，又是不朽的力量和感动。

不信吗？先看杨靖宇将军殉国后，给予敌人的精神打击吧。

一位曾给伪通化省警务厅长岸谷隆一郎当翻译的刘述廉讲述了一件令人深思的事情：

杨靖宇牺牲后第二天下午，“讨伐”本部分乘数辆汽车开回到通化。以后，不多日子，南地区军警宪特“讨伐”司令部野副昌德司令官来电话说，自从杨靖宇牺牲后，他成宿成宿地睡不着觉。晚上，一闭上眼睛就有一只毛茸茸的大手在他的脸上划拉过来，划拉过去，一边划拉一边喊：还我头来！还我头来！为此，岸谷专门让人找来几个和尚、道士给算命。说什么的都有，有的说杨靖宇是天罡星下凡，割了杨靖宇的头，犯了杀星，有血光之灾，要想破，得把杨靖宇的头找回来。大概是3月2、3号的时候，野副指令岸谷，按道士掐算的祭日3月5日安葬杨靖宇……

这位翻译官的叙述，还有很啰嗦的一堆，就不全录了。简单说，岸谷好不容易找到遗体（因为他让人随便找个地方处理了），头颅已经被送到新京（长春），只好找两个木匠，连夜加工，做了一个头。于1940年3月5日，岸谷亲自立墓碑、题字，伪通化省警务厅人员和伪濛江县公署所有官员及当地百姓数百人参加了慰灵祭。

不仅如此，亲自指挥缉捕杀害杨靖宇将军的岸谷隆一郎因此自杀。

这就是杨靖宇将军牺牲后的第一次安葬，是杀害他的残忍的敌人，威慑于将军的神威，而举行的安葬。

再看杨靖宇将军殉国后，给予人们的力量和感动。

杨靖宇将军牺牲五年后，1945 年 8 月 15 日，日本帝国主义宣布无条件投降。10月下旬，共产党领导的东北民主联军在濛江县建立了民主政府。新政府成立后，立即筹备为杨靖宇将军重新安葬。

1946 年 2 月 23 日，是杨靖宇将军殉国的第六个周年。靖宇县的各级干部和各界群众齐聚在杨靖宇将军墓前，参加杨靖宇将军追悼大会。

从这天起，濛江县改名靖宇县，杨靖宇牺牲地附近的濛江村改名为靖宇村，濛江镇改为靖宇镇。

1958 年 2 月 23 日，在杨靖宇殉国 18 周年之际，党和国家在通化市杨靖宇烈士陵园举行了“杨靖宇将军公祭安葬大会”。

公祭仪式结束后，各地代表瞻仰杨靖宇将军遗容，举行杨靖宇遗体安葬仪式。在庄严的《国际歌》声中，将杨靖宇的遗首与遗骨合葬于青松翠柏的陵墓之中。

朱德委员长为杨靖宇烈士题词：“人民英雄杨靖宇同志永垂不朽。”

2005 年在杨靖宇将军诞辰百年和纪念抗日战争胜利 60 周年之际，通化市人民又投资 4000 万元，对杨靖宇陵园进行了重新修缮，并在园区内新建了东北抗日联军纪念馆，以弘扬杨靖宇将军的革命精神。杨靖宇陵园目前已成为全国爱国主义教育示范基地和全国红色旅游的经典景区。

在和平年代，人们没有忘记杨靖宇将军，杨靖宇将军的精神也在激励着人们。

所以，英雄的故事永远不会结束。